JN062035

伝える映像の設計図

ストーリーボードの教科書

グレッグ・ダヴィッドソン

Born Digital, Inc.

ストーリーボードの役割は、アクション、セッティング（場所や環境）、
感情、キャラクターを伝えることだ。

はじめに

自分自身を宣伝するのは、得意ではありません。授業を受け持っても、生徒たちにこの本を買うように勧めたりもしません。私にとって教室は教える場であって、物を売る場ではないからです。

ストーリーボードを教える講師の方々が、私の本を使いたいと言ってくださるのをとても光栄に思います。また、この業界で仕事に就いた昔の教え子が、コンベンションで私のブースに立ち寄り、「この本で勉強しました」と言ってくれるときには、手放しで喜びます。本書を推薦してくれる友人や同僚に、心から感謝します。

実を言うと、この本は自分のために書きました。学校などでストーリーボードの描き方を教えているときに、同じ授業は二度とはできないのだと実感しました。常に資料をアップデートし、ストーリーボードの要素はどのように映画に貢献しているのか、それをしっかり説明するためにはどうしたら良いかについて、自問自答を繰り返していたからです。そして、ストーリーボードの基本を論理的な順序で解説し、映画制作の詳細まで掘り下げるためには、柔軟な「シラバス」が必要だと考えるに至りました。

皆さんが手にしているのは、このようにしてできた本です。業界の現場で学んだ、ストーリーボード制作の中核となる最も大切なコンセプトと、実際に生徒たちを教える過程で得た知見をまとめた、私なりの「本の教室」です。

本書は、現在絵を描いている人、ストーリーボードの技術を身に付けたい人を対象としています。中核的なコンセプトと専門用語を掘り下げ、映画制作でよく使われるテクニックに関連する用語集も掲載しました。また、ストーリーボードアーティストのジム・ミッチェル氏が自身の職業について語る、貴重なインタビューも掲載しています。ジムは、エンターテインメント業界で幅広い経験を持ち、実写とアニメーション両方に携わる数少ないアーティストです。

1年後、コーヒーの染みが付き、付箋だらけの本書が皆さんの手元にありますように。新品のまま、机の上に飾られていませんように。私が執筆から多くを学んだように、本書が皆さんのお役に立つことを心から願っています。

カリフォルニア州
グラスバレーにて

Original English edition entitled "Cinematics Storyboard Workshop: Filmmaking Essentials for the Entry-Level Storyboard Artist (Third Edition)" by Gregg Davidson.
Copyright © 2019 by Design Studio Press. All rights reserved.

<Original English edition>
Graphic Design: Gregg Davidson, Michael Knodt
Cover Design: Mee Sung Lee
Editor: Teena Apeles

もくじ

CHAPTER 1

ストーリーボードの基本

ストーリーボードは、エンターテインメントの制作になくてはならないツールです。映画、アニメーション、広告、コンピューターゲーム、音楽ビデオ、テーマパークのデザインなど、種類や形態は問いません。ストーリーボードを活用すれば、プリプロダクションのコストと労力を大幅に節約できます。

ストーリーボードを作ることで、基になるスクリプトからアクションやセリフを考える、対象の鑑賞者層に合わせてコンセプトを練る、プロジェクトの規模と予算を管理する、といったことができます。また、制作過程で起きる問題はどれも、ストーリーボードの段階で検出できます。

ストーリーボードには決まった形式はありません。ただし、カメラアングル、スクリーン上での方向、アクション、効果といった情報にはたいてい、同じような表記を使います(次のページの例を参照)。

通常、以下のような要素が含まれています。

- セッティング、アクション、トランジションを描き入れるフレーム
- アクション、カメラの動き、視覚効果、音響効果を書き入れる文字領域
- セリフ用の文字領域
- シーン番号とページ番号

ストーリーボードアーティストには、ストーリーボードのテンプレートとシーンやショットの番号付けルールが渡されます。これらは、プロダクションごとに違います。テンプレートは、スキャンしてPhotoshopなどの描画ソフトに取り込みましょう。データ化すると絵と文字を組み合わせる、番号を振る、順番に並べる、ファイルを印刷用に書き出すといった処理が簡単にできます。

ストーリーボードのフォーマット

テレビ用
ワイドスクリーン：
16：9（従来の4：3の
フォーマットが点線で
示されている）

Action

Dialog

Slugging

PAGE____

PAGE____

TIME:

TIME:

TIME:

映画用
ワイドスクリーン

PAGE ____

ACTION

音楽ビデオ

広告

コンティニュイティスタイル

本書では、短いショットをつなげていく「コンティニュイティ編集」による映像・映画の制作を前提に説明していきます。これは、映画が誕生した当初から現在まで、大半の映画やTV番組の制作に用いられている主流の編集スタイルです。複数の視点から撮影した映像を編集でつなげ、一貫したストーリーをビジュアルで語ります。鑑賞者は、時間軸に沿って出来事を観ているような感覚でストーリーを追うことができます。

カメラは視点を定めるだけでなく、シーンをどう解釈するかについて、画面を通して作り手の意図を伝える役割も担います。カメラのアングルが変わるたびに、別のショットになり、ストーリーボードも次の番号のパネルに変わります。

1つのショットがスクリーンに映し出される時間は、わずか数秒です。したがって、観る人が頭を悩ませることなくストーリーを

追えるように、後続のショットは前のショットと「つなげる」必要があります。よくできた映画は、ショットが切り替わってもほとんど目につきません。そのおかげで、鑑賞者は、キャラクターやストーリーに集中できます。

空間的な連続性を無視してショットをつないだものは、ジャンプカットと呼ばれます。ジャンプカットは、論理的なつながりがないため、違和感を覚えます。下にわかりやすい例を示しました。1枚目は、左側にバラを持った麗しい王子、右側には愛らしい王女が立っています。ところが、次のクローズアップでは位置が逆転します。最初のショットで示された空間的な関係が壊れ、結果的に鑑賞者が映画に没入できなくなります。これは、避けたいことの1つです。それに対して3枚目は、左右の位置関係が舞台となる場所を広い画で見せた1枚目のショット（セットアップショット）と同じで、一貫した連続性が保たれています。こちらは観る人にやさしい映像です。

はじめに

大事なことをはじめに言っておきます。撮影には、たった1つの正しい方法が存在するわけではありません。しかし、たいていは「適切な方法」があります。カメラの位置やアングルの選択は、突き詰めれば、とてもシンプルなガイドラインに行き着きます。それは、「ストーリーを最もよく伝える」カメラアングルを選ぶことです。ストーリーボードアーティストは常に、次のような質問を自問自答します。

「このショットの意図は？」

「それを鑑賞者に見せる最良の方法は？」

同時に、コンテンツとショットの両方の観点で、前のシーン、後続のシーンと矛盾がないことを確認します。コンティニュイティ（連続性）の矛盾がないことは当然のこととして、魅力的なステージングとキャラクターで観る人を引き込みたいのです。

「カメラアングルって、スクリプトには書いてないの？」と思うかも知れません。事実、映画のスクリプトの大半には、カメラアングルや演技上の指示は書かれていません。そうした判断は、監督、俳優、ストーリーボードアーティストにゆだねられているのです。アニメーション映画で、キャラクターを描くストーリーボードアーティストは、自身が俳優であり、監督でもあります（もちろん、本物の監督はいます）。

カメラアングルの選択は、突き詰めれば、とてもシンプルなガイドラインに行き着きます。それは、「ストーリーを最もよく伝える」カメラアングルを選ぶことです。

ショットとは？

統一を図るために、本書では「ショット」というあいまいな業界用語を、カメラアングルが変わるところからカットまたはトランジション（ディゾルブなど）で終わるまでを指す言葉として使います。実写映画の「シーン」は複数のショットで構成されます。アニメーションの場合には、シーンとショットは同じで、シーンをつなげたものが「シーケンス」と呼ばれる単位になります。これは、シーンの要素すべてをゼロから作らなければならない、アニメーションと、実写映画の性質の違いによるものです。いずれにしても、カメラアングルが変わるところからストーリーボードのパネルに新しい番号が振られ、カットまたはトランジションで終わることを覚えておきましょう。

構図の基本

映画のシーンをセットアップする重要な要素の1つが、構図です。名画と同じように、良いショットは鑑賞者を画の焦点に引き付けます。ライティング、キャラクターのステージングや動き、そのセッティング（場所・環境）内の物理的要素をうまく使えば、ショットの焦点に鑑賞者の目を誘導することができます。たいていのショットは、奥行きのある空間を作り出すために、二点透視法を使っています（正面からの一点透視法は稀です）。画面の中央が焦点で、左右対称の構図が狙いの構図である場合もありますが、これはルールを破った例外だと考えましょう。

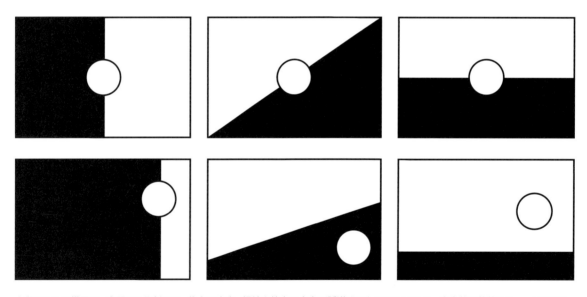

上段の3つの構図は、空間が2分割され、焦点は中央。視線を特定の方向に誘導するものがないため、中立的で静的なショットになる。焦点を中心からずらし、水平線を画面の中央から外すと、目で追うべき方向がはっきりわかるダイナミックな構図になる。

空間の奥行きを出す

アニメーションや実写のストーリーボードでは、オブジェクトのオーバーラップ(手前のオブジェクトは背後のオブジェクトを一部隠す)、サイズ、明度(バリュー)で空間の奥行きを演出します。

オブジェクトを別のオブジェクトの前に置けば、それだけで奥行きがでます(オーバーラップ)。大きさが誰にでも想像できるオブジェクト(建物、クルマ、木、人など)を距離に応じて小さくすれば、たちまち奥行きが伝わります。大きさがわからない要素は、よく知っているオブジェクトや場所に組み合わせます。たとえば、この例では、街の景観の奥に超高層タワーを配置しました。大きさの想像がつく都市の景観を比較対象とすることで、タワーの巨大さが伝わります。

明度は大気遠近法を使って調整しましょう。視点からオブジェクトまで、間にある大気の影響を受けて、遠くのオブジェクトほど、明度や彩度が下がって見えます。これでオブジェクトまでの距離を示すことができます。また、前景のオブジェクトは明暗のコントラストを高くして、近くにあることを示します。コントラストが低く、暗部が明るいものは遠くにあるように見えます。

上下の絵を見比べてください。下は、上のシーンの簡略図です。オブジェクトのオーバーラップ、サイズ、明度を使えば、前景から背景まで、はっきりとした奥行きのある空間を表現できます。

パース

実写のエフェクトショットや、バーチャルの3D空間で繰り広げられるCGアニメーションのストーリーボードには、パースの正確さが求められます。3Dモックアップ（簡易3Dモデル）をデジタルで作成し、アニマティクスを作るプリビズアーティストと連携し、監督から承認を得るためにストーリーボードを作るなら、なおのことです。

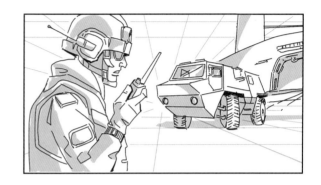

パースをごまかしてボードを描くと、次の作業者に、自分でわかっている問題を先送りすることになります。それでは、同僚や監督からプロフェッショナルとして信頼してもらうことはできません。

右は、よくあるごまかしの例です。この失敗から身をもって学ぶまで、私もやっていた間違いです。上のパネルには、前景に兵士、背景に装甲車が描かれています。問題なさそうに思うでしょう？ パース線を延ばしてみてください。手前の兵士は、地面の穴の中に立っていることになります。正しいパースなら、実際は一番下のパネルのように見えるはずです。

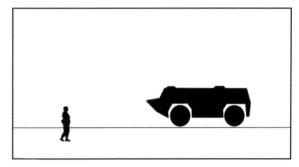

どうしてこれが問題になるのでしょう？ CGモデルで装甲車を作ったとしましょう。プリビズアーティストは、これと同じ画を作れません。ショットの構図を変える必要に迫られ、それはストーリーボードで監督が承認したショットとは違ってしまいます。プロらしい仕事を目指しましょう。

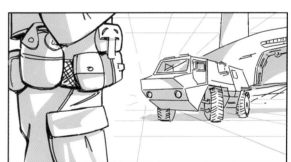

視線を誘導する

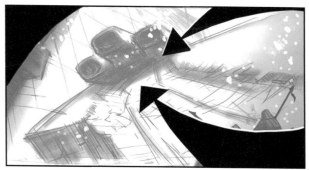

周囲の地形と、雪に残るわだちが、漂着した宇宙船に視線を誘導する。
斜めに差し込む光と暗い前景要素が、注視点を囲っている。

建物、家具、風景、木の枝。ショットの注視点に視線を誘導するためには、さまざまなものを利用できます。前景オブジェクトは、フレーム内のフレームとして、注視点を「囲う」ためによく利用されます。基本的には、ショットの焦点となる場所に、無関係なものをできるだけ置かないこと。そして、主題から意識がそれないように、背景は明度を抑えることがポイントです。

視線誘導の点では、シーンを構成するすべての要素の中で最も強力なのが、ライティングです。伝統的な舞台照明でも、注目してほしいところだけをスポットで照らしたり、光と影を操って視線を誘導するテクニックが使われています。

**シーン要素とライティングを使って
意図した注視点に注目させる**

スクリプトにどう取り組むか

シーンのスクリプトを受け取ったら、ストーリーボードアーティストには考えるべきことがいくつもあります。シーンのセッティング（場所や環境）、キャラクターのブロッキング（大まかな動き）とアクティング（演技の演出）、アクションの展開などが含まれます。取り立てて変わったところのない場所（ありふれた街角など）で、キャラクター同士のやり取りを見せるような、よくあるシーンなら、ショットバイショット、すなわちストーリーが展開する順番通りにショットを描いていきます。

複雑なシーケンスの場合は、アクションの計画を立てたり、カメラアングルを考えるために、ラフなアクションマップを描くことをお勧めします（右はその例）。

この例では、3DCG でモックアップを作成したおかげで、時間を大幅に節約できました。ストーリーボードのワークフローに3DCGを取り入れる方法については Chapter 6 で詳しく説明します。

SF やファンタジー映画など、舞台が日常とはかけ離れていて、複雑なアクションのあるシーンにはキースケッチを使うと、取り組みやすくなります。ロケーション内でどう動くか、「動きのパス」を計画することからはじめます。それができたら、キーショット（ハイライト）を描きます。その後、キーショットとキーショットの間を、ショットバイショットのアクションで順に埋めていきます。

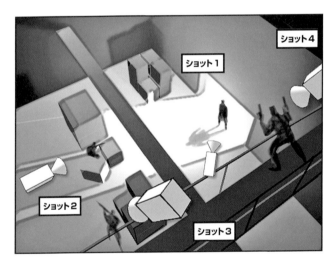

アクションマップは、ボードアーティストや監督が、シーンのアクションを計画したり、カメラ位置のセットアップを考えるときに役立つ。

スクリプトの分析

ストーリーボードは、ストーリーがなければ始まりません。ストーリーといっても、セリフまで書かれた詳細なスクリプトが渡される場合もあれば、たった数段落のストーリーのアイデア(トリートメント)をボードアーティストが膨らませてプロジェクトにする場合もあります。後者の場合には、スクリプトから筋書きを文字で起こすことからはじめ、ストーリーの主な展開を理解してから、ストーリーボードを描くことになります。

次にすることは、スクリプトの分析です。はじめにスクリプトをしっかり分析しておくと、後で大いに役立ちます。右の図は、私が実際に分析したスクリプトの1ページです。シーンが展開する場所、アクション、キャラクターに関するアイデアを直接、余白に書き込んでいます。プロジェクトに関わるアーティストが複数いる場合にも、事前に分析を行い、それぞれの担当箇所のつながりを頭に入れてから、ストーリーボードを描くと、作業を進めやすいものです。

映像などのビジュアルメディアの制作にあたっては、次のような疑問の答えを探しながらスクリプトを分析します。

- どんなビジュアルでストーリーを始め、どう終わらせるか?
- ストーリーを語るために使える時間の長さは?
- 誰の視点からストーリーを語るか?
- ストーリーの意図、各シーンの意図は?
- 対象の視聴者は?

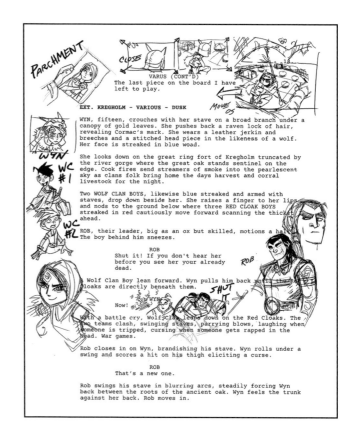

リサーチとリファレンス

スクリプトは手元にあり、分析もしました。次は、環境、建物、衣装など、リファレンス写真を探すことになるでしょう。たいていのアーティストは、まずインターネットで画像を検索します。たとえば、ファンタジーの城をそれらしく描くには、中世の城の建築構造を調べることでしょう。素晴らしい！ ただし、インターネットは、ユニークなビジュアルやプロのストーリーボードアーティストの用途にぴったりのカメラアングルで撮影された画像を提供してはくれません。それに、ネット上にある質の良い画像には著作権があるものです。つまり、インターネット上の画像は、題材を別の誰かが解釈したものであり、大勢の人が目にしているものでもあります。リファレンスとして使うのなら、良いでしょう。でも、そのまま使ってはいけません！

携帯電話のカメラがあれば、自分なりのリファレンスを撮れます。SFのバーのシーンを作るとしましょう。そんなときは、近所のバーを好きなアングルで撮影して、ボードに使えるように加工します。難しいポーズがあるなら、友人に頼んで、そのポーズやアクションをやってもらいましょう。次のページでは、場所を撮影した例をお見せします。

リファレンスとしてのスケッチブック

ストーリーボードアーティストが、プロジェクトを向上させるためにできる一番重要なこと、それは間違いなく、日々のスケッチで引き出しを増やすことです。街の風景をたくさん描き、いざストーリーボードを描くときになったら、スケッチで蓄えた情報と想像力を組み合わせます。公園やカフェにいるときや、友人と過ごす時間には人を描きます。動物園に出かけましょう。あるいは犬、猫、イグアナを飼っているなら、自分のペットを描きます。ストーリーボードアーティストには、日々のスケッチの積み重ねが大きい力になります。

プロのストーリーボードアーティストとして力をつけるには、たくさん描くことです。それに代わるものはありません。スケッチブックをいつも持ち歩きましょう。タブレットでもかまいません。スキルを磨く唯一の方法は描くことです。ライフドローイング（現実を観察して描くスケッチ）は、想像から描くときの土台にもなります。

場所を撮影する

これは、1940年代を舞台にしたシーンのために撮影したリファレンスです。倉庫と貨物列車が必要でした。上の写真の建物が、倉庫のエクステリアの基本構造になりました。自分で撮影すれば、ストーリーボードに最適なカメラアングルで撮れるだけでなく、現地にある要素を取り入れてシーンのビジュアルをより面白くすることもできます。この例では、古びた木の柵、背景の橋、線路わきのユーティリティボックスなどです。

倉庫街に残る線路を実際に撮影した写真と、1940年代の貨物列車のリファレンス写真

ストーリーボードで描いたセット

動きのリファレンス

自分の体の動きを知覚することをキネステシス（運動感覚）と呼びます。実際に自分の体を動かすと、あるジェスチャーまたは表情の前後を含めた運動感覚を体験によって理解できるため、ずっと描きやすくなります。鏡を前に動作をし、その様子を写真に撮れば、自分だけのフォトリファレンスができます。

アニメーターたちは日常的にこのようなことをしていますが、ストーリーボードにも同じように役立ちます。この見開きの写真は、表情とジェスチャーのキネステシスの実践例です。

表情のキネステシス

モデル：マイク・ハーディング
撮影：マイク・ハーディング

ジェスチャーのキネステシス

モデル：エリン・ダヴィッドソン
撮影：コーリー・チーク

観る人の共感を呼ぶキャラクターを創造する基礎力を
つけるには、現実の環境で、人と人とのかかわりあいを
観察することです。描きたいシーンを自分で演じても、
その動作をしている人を観察するのでもかまいま
せん。体の動きが、バランス、姿勢、感情などの印象に
どう影響するかをよく観察します。そして、その知識を
ドローイングに生かしましょう。そうすれば、キャラク
ターが生命をもって動き出します！

必要か、不要かを判断する

下の例を見てください。クルマがフレームインすると、止まろうと横滑りしてから、ごみ箱にぶつかって跳ね飛ばし、くるりと向きを変えています。どれも同じカメラアングルで、ドローイングは3枚あります。2枚目の画は必要でしょうか？ 2枚目の画をなくしたらどうなるか、想像してみましょう。クルマはどの向きでスピンしたでしょう？ スリップしたときに4輪全部が地面に着いていたのか、それとも2輪だけか、わかりますか？ 些細なことに思えるでしょうが、2枚目の画がないと、次にボードを見る人が、その足りない情報を埋めることになります。そのようなことは、リテイクや制作の進捗に影響するミスにつながる可能性があります。ストーリーボードには、必要十分なキーポーズとショットがそろっていなければなりません。「エイリアン」でリプリーも言っていたように、「これしか確実な方法はない（"It's the only way to be sure"）」のです。

たとえば、キャラクターがオフィスにカギをかけてエレベーターに乗り、建物の外へ出てタクシーを止めるシーンがあるとしましょう。エレベーターの中で重要な出来事が起こらないなら、ストーリーボードにはエレベーター内の様子を描く必要はありません。キャラクターがエレベーターに乗ったら、次のショットは通りに出るところでかまわないのです。その方が時間を短縮でき、ストーリーがテンポ良く進行します。

ショット1

ショット1続き

OS：offstage（フレーム外へ）

ショット1続き

効率的に描く

ストーリーボードを描くときには、数分の映画でもたくさんのボードが必要になること、ストーリーボードは何度もアップデートする（描き直す）ものだということを覚えておきましょう。ストーリーボードは使い捨てのアートです。したがって、手早く描けて、画面構成がしっかりした描画スタイルを獲得することが大切です。仕上げまでの描き込みが求められることは、まずありません。タイトな制作スケジュールの制約の中で、実用に足りる画が求められます。

柔軟な発想でたくさんのバリエーションを描くという意味でも、時間の節約という意味でも、サムネイルスケッチが一番です。小さく、シンプルなドローイングで、映画のシーケンスを素早く描きましょう。小さく描けば、早い段階で詳細にとらわれることなく、重要な要素だけに注目して描くことができます。付箋紙に描いたサムネイルスケッチを壁やコピー用紙に並べて貼ってもよいでしょう。こうすれば、必要に応じてスケッチを追加したり並べ直したり、取り除いたりといったことを手間をかけずに行えます。

シーン全体のストーリーボードのサムネイルを目の前に並べれば、ショットの視覚的な流れを確認し、コンティニュイティ（連続性）の問題点を速やかに検出できます。場合によっては、フルサイズのストーリーボードに取り掛かる前に、サムネイルのボードを監督に見せてフィードバックをもらうこともできます。

**ストーリーボードは使い捨てのアートです。
したがって、手早く描けて、画面構成がしっかりした
描画スタイルを獲得することが大切です。**

CHAPTER 2

カメラアングルとカメラの動き

現実世界には、無数の要素があります。しかし、ストーリーを語り、ストーリーの進行を追うことを目的とした映像を作るには、一定の被写体に的を絞って撮影します。このために利用するのが、カメラです。サイズ（どの程度の広さにするか）やアングル（あおり、俯瞰）、ポジション（ハイ、ロー）といったカメラアングルとカメラの動きによって、どこをどう見せるかをコントロールします。たとえば、クロースアップなら、キャラクターの顔に注目させることができます。また、あおりや俯瞰といったアングルを使って、鑑賞者がキャラクターから受ける印象をコントロールします。

たくさんの人でにぎわうダンスホールに入ったと想像してください。まずは全体を見渡して状況を把握し、どうふるまおうかと考えるでしょう。その次には、もう少し限定的な領域に目を向けるはずです（たとえば、ダンスフロアと演奏しているバンド）。フロアに近づくと、知り合いのカップルが踊っています。2人に誘われてテーブルにつき、3人で顔を突き合わせて会話を楽しみます。

先ほどは徐々に狭い範囲に意識を向けました。今度は逆に、徐々に意識を広い範囲に向けるパターンを考えてみましょう。目覚ましが鳴り、まず目に入るのは、アラームを止めようとボタンを押す自分の手。横になったまま視界を広げると、天井のファンが見える。ベッドから抜け出して部屋を横切り、ようやく広い世界につながる窓に目をやる。

右のページは、ショットの範囲（サイズ）を変えながらシーンを進行させている例です。シーンは都市の広い景観から始まります。続くショットで、この街の一角が映され、オフィスビルが舞台だとわかります。次にオフィスの中にカメラが移動すると、女性が受話器を片手に時計を見ています。カメラは髪をかき上げる彼女に寄り、最後は顔のクロースアップです。

各パネルの下には、映画業界で一般的に用いられている、サイズの説明が書かれています。ショットはそれぞれ、焦点が異なり、ストーリーの別の側面を語ります。ただ始まって終わらせるのではなく、はっきりとした意図や目的をもって各ショットを計画します。

超ロングショットで、広大な都市、時間帯、天候など、ストーリーが展開される環境全体をあらかじめ鑑賞者に示します。

ロングショットで、鑑賞者をストーリーの舞台へと招き入れます。この例では、スタイリッシュなオフィスビルです。

部屋の中をそわそわと行き来しながら時計に目をやる様子が、**ワイドショット**（広い画）で映し出されます。

ミディアムショットで、髪をかき上げるキャラクターに寄ります。彼女の心理状態がいっそう鮮明に伝わります。

クロースアップで、キャラクターの険しい表情をはっきりと伝えます。

同じシーンをクロースアップではじめ、画のサイズを広げながら、徐々に周辺状況を明らかにしていく進行の方法も考えられます。

カメラアングルには、客観的情報を伝える役割と、鑑賞者の主観的反応を引き出す役割があります。たとえば**俯瞰ショット(ハイアングルショット)**には、被写体を非力に、か弱く見せる心理的な効果があります。**あおりショット(ローアングルショット)**は、強さや支配といった印象につながります。また、俯瞰ショットは、周辺環境やその環境の規模を伝えるといった目的で使われることもあります。

鑑賞者が個々のシーンをどう解釈するかは、ストーリーの文脈(コンテキスト)によって大きく違ってきます。文脈は、その時点までのショットによって設定されます。カメラアングルは、単独では意味をなしません。前後関係があってはじめて意味を持ちます。その時点までの映像で目にしてきたことと、そこから先に予期することによって、鑑賞者が頭の中で関係を組み立てるのです。シーンのステージングについて深く掘り下げたい方には、スティーブン・D.キャッツ著「Film Directing: Shot by Shot」(日本語版「映画監督術 SHOT BY SHOT」フィルムアート社刊)をお勧めします。ショットの分析や高度な演出が解説されています。

俯瞰ショットでは、スクリーン上でのキャラクターの支配力が弱まる。

あおりショットで見せると、スクリーン上のオブジェクトが力強い印象になる。

俯瞰ショットは、環境全体を客観的に見せたいときにも使える。

ショットのサイズとロケーション

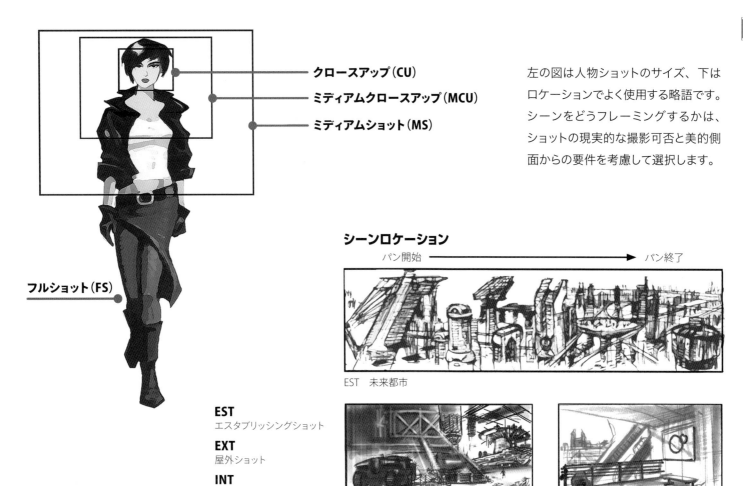

クロースアップ（**CU**）

ミディアムクロースアップ（**MCU**）

ミディアムショット（**MS**）

フルショット（**FS**）

EST
エスタブリッシングショット

EXT
屋外ショット

INT
屋内ショット

左の図は人物ショットのサイズ、下は
ロケーションでよく使用する略語です。
シーンをどうフレーミングするかは、
ショットの現実的な撮影可否と美的側
面からの要件を考慮して選択します。

シーンロケーション

パン開始 ⟶ パン終了

EST　未来都市

EXT　アパートの前

INT　アパートの中

カメラアングル

俯瞰ショット（ハイアングルショット）

あおりショット（ローアングルショット）

肩越しショット
（OTS：Over-the-shoulder）

ディテールショット（インサートに使用）

キャラクターの視点を
見せる、見た目ショット
（POV：Ponit of view）

キャラクターが何かを見ていることを
鑑賞者に示すセットアップショット

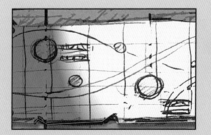

キャラクターのPOV（壁の地図）

カメラのセットアップ

以下は、映画業界で一般的に使われているショットの種類のリストです。制作スタッフとのコミュニケーションのためにも、覚えておきましょう。丸括弧の中は略語です。セットアップについて詳しくは、後続の章および用語集で説明します。

キャラクターショット

(キャラクターが1人の場合、複数の場合)
- ワンショット
- ツーショット
- スリーショット
- グループショット
- 肩越しショット
  (OTS : over-the-shoulder)

サイズ
- 超クロースアップ (ECU)
- クロースアップ (CU)
- ミディアムクロースアップ (MCU)
- ミディアムショット (MS)
- ミディアムロングショット (MLS)
- フルショット (FS)
- ロングショット (LS)
- 超ロングショット (ELS)

アングル
- あおり (ローアングル)
- 俯瞰 (ハイアングル)
- 水平
- ダッチアングル

ポジション (高さ)
- アイレベル
- ハイポジション
- ローポジション

その他
- 見た目 (POV) ショット
- ディテールショット

カメラの動き (カメラムーブ)
- トラック
- トラッキング
- パン
- 旋回
- ティルト
- ズーム

ストーリーボードに含めるもの：キャラクターのショットについては、「OTS」などと書き入れます。前景にある大きくて抽象的なシェイプがキャラクターかどうか、わからないこともあるからです。同様に、「あおりショット (US : up shot)」「ティルト」「見た目ショット (POV : point of view)」なども、ストーリーボードを正しく解釈してもらうために必要な情報です。また、ストーリーが展開する場所 (シーンロケーション) についても、「ELS」「LS」「INT」「EXT」と書き入れます。

ストーリーボードに含めないもの：人物ショットのサイズ (「CU」「FS」など) の情報は、通常、スタジオは必要としません。なお、本書のサンプルのストーリーボードには、ショットの種類がわかるように、あえて入れてあります。

特殊なアングルと見せ方

ダッチアングル：ティルトショットと呼ぶこともあります。カメラを水平ではなく、傾けることで、意図的に鑑賞者の方向感覚を狂わせ、被写体との一体感を高める目的で使われます。また、キャラクターの心理状態を表現する目的でも用います。ティルトショットは、追跡シーン、戦闘シーン、ホラーやドリームシーケンスでよく使われます。右のシーンを見てください。キャラクターが乗ったクルマが、放り投げられようとしています。カメラを傾けることで、観る側もバランス感覚が失われ、シーンのドラマがいっそう高まります。

カメラシェイク：カメラを揺らして、環境全体が揺れているように見せるテクニックです。車内のわずかな振動から、地震や宇宙船の爆発のような大規模な揺れまで、幅広く使えます。このショットでは、水中のエレベーターシャフトが崩壊する寸前の揺れを、カメラシェイクで表現しています。

カメラシェイクのマークを付けたフレーム

ピットショット：被写体が鑑賞者の頭上を通り過ぎるところを見せるために（たとえば、疾走するクルマ）、地面に掘った穴にカメラを設置します。

フローモーション／タイムスライス／バレットタイム：「マトリックス」（原題：The Matrix）で使われ、話題になった技法。キャラクターが空中に飛び上がり、静止する一方で、カメラが周囲を旋回し、背景はリアルタイムで動いているように見える映像。キャラクターを囲むように、多数のハイスピードカメラを円形に設置し、ハーネスを装着したキャラクターを宙吊りにしてグリーンバックで撮影。その映像をCGで処理して作られています。

ドリーズーム／めまいショット：アルフレッド・ヒッチコック監督の「めまい」（原題：Vertigo）で使われたことで知られる、超現実的な映像を作る技法。ドリーに乗せたカメラを被写体から徐々に遠ざかる方向に動かすと同時に、レンズではズームインする。背景は遠ざかるのに被写体はカメラに向かって迫ってくる効果を作り出します。

フォーカス送り：カメラのフォーカスを前景から背景、あるいは背景から前景へ切り替えて、そのショット内での鑑賞者の注意の対象を劇的に変化させます。

ワームアイ：地面の高さから仰ぎ見るような、超現実的な画を作る技法。キャラクターが地面に横たわっていたり、ハエのように小さい場合に、被写体との一体感を演出するのに効果的です。

グリーンバック：青または緑のスクリーンを背景して撮影したショット。マットペイント、CG モデル、モーションコントロールカメラで撮影したショットなど、視覚効果を後処理で合成できます。

カメラの動き（カメラムーブ）

カメラの動きには、パン、トラッキング、トラック、ズーム、ティルト、旋回などがあります。デジタルでも実写でも、技術は進歩を続け、今や、頭で想像できるカメラムーブはすべて実現可能です。レールの上の台車（ドリー）、クレーン、ヘリコプター、ドローン（無人航空機、UAV : unmanned aerial vehicle）にカメラを取り付ける場合もあれば、ヘルメットに装着したり、スタッフが手持ちで撮影することもあります。

ストーリーボードでカメラムーブをどのように表記するかは、映画とTVアニメで少し違っています。
詳しくは、Chapter 7「ストーリーボードの成り立ち」で説明します。

パンとティルト

パン、ティルトとは、スタンドや三脚といった器具に取り付け、固定点を中心にカメラを旋回させる動きです。水平方向の旋回はパン（下の図）。カメラを上下に傾けるのはティルト。そして、左右と上下の動きを組み合わせると、斜め方向のパンになります。

TVアニメーション用のストーリーボードでは、レイアウトアーティストがアニメーションの準備段階で参照できるように、パン・ティルトで映し出す範囲を図示します。映画のストーリーボードの場合は、ストーリーボードのフレームを映画のスクリーンショットとみなし、フレーム間のカメラの動きの方向を矢印で示すのが一般的です（79ページを参照）。また、複雑なアクションやカメラの動きも必要に応じて図示します。どんなストーリーボードでも、最も大切なのは、方向とシーンの意図が明快にわかることです。

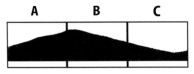

3フィールド、パン（TVアニメーション）

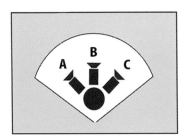

カメラ（上から見た図）

カメラ（横から見た図）

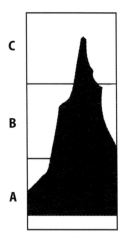

3フィールド、
山のティルト

パンのレイアウト：フィールド範囲とフレーミングを示す

Chapter 7「ストーリーボードの成り立ち」にも例があります。

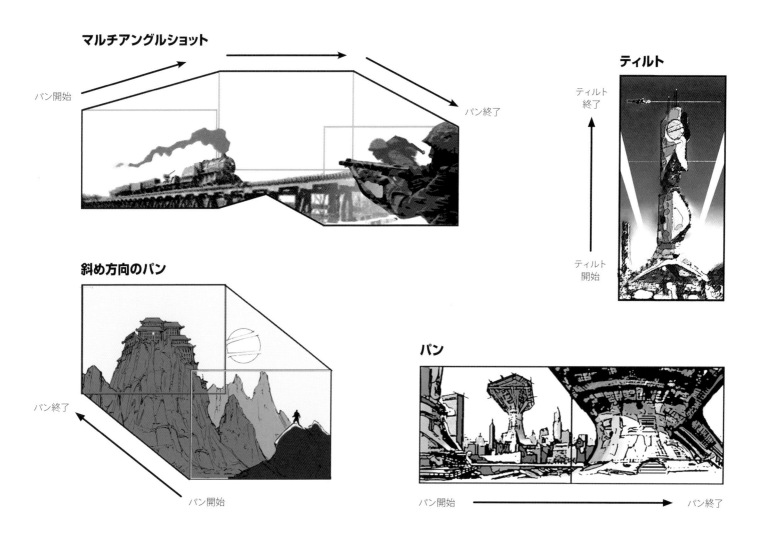

マルチアングルショット

パン開始

パン終了

斜め方向のパン

パン終了

パン開始

ティルト

ティルト終了

ティルト開始

パン

パン開始　　　　　　　　　　　　　　　パン終了

トラッキングショット

被写体の動きに合わせて、カメラマウントを移動させたショット。ドリーショット(カメラマウントをレール上で動かす)、クレーンショット(カメラをクレーンに取り付ける)、ヘリコプターショット(ヘリコプターやドローンなどの飛行体にカメラを取り付ける)のほか、クルマなどの動くものにカメラを取り付けたり、ハンドヘルドカメラを手で持って移動したりするショットも含まれます。CGの場合は、パスに沿って対象に追従する仮想カメラを使います。

トラッキングでは、アクションに応じて旋回やズームを使ったり、加速してカメラが被写体を追い越したり、逆に被写体より遅らせるといったさまざまな撮影方法があります。

2

ドリーショット

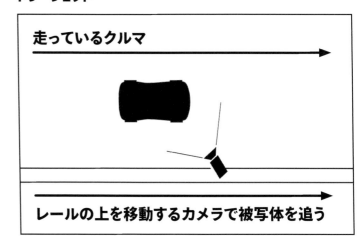

走っているクルマ

レールの上を移動するカメラで被写体を追う

トラッキングが使われる例

追う

トラックとズーム

トラック（トラッキング）とは、カメラを実際に被写体に近づけたり、逆に遠ざけたりすることです。鑑賞者が注目する領域を徐々に変化させる効果があります。たとえば、新聞の殺人事件の見出しから始まり、カメラが引いてバイオリンを弾くシャーロック・ホームズがワイドショットで映し出されるとしましょう。これはトラックバック（ドリーアウト）の例です。逆に、ワイドショットで始まり、カメラを被写体に近づけていくのがトラックイン（ドリーイン）です。トラックを使うと「主観的時間」がゆっくり進行します。そのままカットでつないだ映像とは、心理効果が異なります。被写体を問わず、ゆっくりとしたトラックインは、静止のショットよりも強く鑑賞者の目を引きます。

顔にトラックイン

一方、ズームでは、カメラの位置は動かしません。レンズの焦点距離を変えて、フレームの画角を狭くあるいは広くします。焦点距離を極端に短くすると、画が広くなりますが、ゆがみが生じます。焦点距離を狭い画の50mmから広い画の18mmにズームアウトすると、像がゆがみ、いわゆる魚眼レンズ効果が得られます。一般には、トラックよりズームの方が速く画が変化します。2Dアニメーションでは、実際にカメラを使うわけではないため、「ズーム」と「トラック」という用語は区別なく使われていることが多々あります。

城にズームイン

旋回

ストーリーボードでは、旋回の方向を示す矢印と、旋回後のフレームでの最終位置を示します。旋回をパンやトラックと組み合わせることも可能です。

この例は、ロープを握った2人のキャラクターが、屋根の上に飛び降りるシーンです。カメラは左にわずかに移動しながらパンしてフレーミングを調整し、同時に時計回りに旋回もします。そしてカメラの動きが止まった時点では、開始位置からおよそ45度旋回しています。開始フレームのコーナーと、最終フレームのコーナーをつなぐ矢印のカーブを見ると、旋回させる方向がわかります。

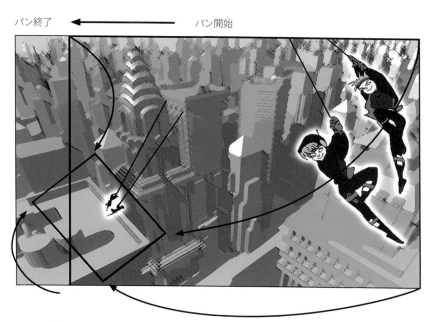

パン終了 ← パン開始

カメラを左にパンしてキャラクターをフレームに収めると同時に、旋回とトラックインで屋根に飛び降りる2人を追う。

CHAPTER 3

180度ルールとジャンプカット

映画の冒頭シーンがスクリーンに映し出されると、その瞬間から、観客はその空間にじっと見入ります。位置を固定したカメラなら撮影開始の瞬間、カメラを動かして撮影した映像ならカメラが停止したときに、ショットの空間が定まります。その時点までに、監督は鑑賞者がどこからどう見ているか、目線の方向を示します。スクリーン上での方向が期待に一致すると、鑑賞者は安心してストーリーに集中できます。たとえば、登場するキャラクター2人が見つめ合うシーンがあるとしましょう。その前後でジャンプカットにならないように、視覚的なコンティニュイティ（連続性）を保ちます。そうするには、シーンの最初のショットで決まる「イマジナリーライン」の片側、180度を超えないよう位置にカメラを配置します。もちろん、意図的なジャンプカットは例外です。この章では、連続性を保つためのショットのセットアップ、連続性が崩れた例と、その修復方法について解説します。

180度ルールの基本

右の図は、人物A、Bが向かい合って会話をしているところです。180度ライン
は、向かい合う2人の視線を結んだ、アクションのイマジナリーライン(想定線)
です。この図の場合、白いセーフティーゾーン内であれば、どこから撮影しても
ジャンプカットにはなりません。被写体Aと被写体Bは、真っすぐ正対して
います。180度ラインを越えて、カメラをグレーのゾーンに移動すると(カメラ2)、
ジャンプカットになります。下のフレーム2つを見てください。カメラ1の画と
カメラ2の画では、キャラクターの向きが逆になり、2人が位置を入れ替わっ
たように見えます。

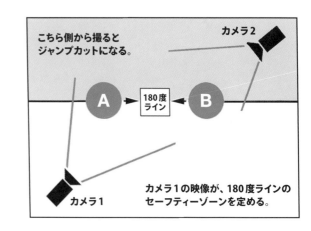

カメラ1

カメラ2

180度ルールを守れば、この例のようなジャンプカット
は起きません。Chapter 4「180度ラインを越える」
では、180度ラインを超え、さまざまな位置および角度
から撮影する方法を紹介します。あえて180度ルール
を破った監督もたくさんいます。ルールを破ったことが
映画として功を奏するかどうかの判断は、鑑賞者に
ゆだねられます。フランスのヌーヴェルヴァーグの
傑作、ジャン=リュック・ゴダール監督の「勝手にしや
がれ」(英題:Breathless)は、コンティニュイティスタイル
という映画の定番をひっくり返し、180度ルールを
完全に無視した作品です。

このストーリーボードとコメントを見ていきましょう。カメラ位置は、この後のページに図示しています。

ショット1

船のブリッジ（操舵室）のLS。
ダラがラルフのトラッカーバンドを見ている。

ラルフ
こんなものが脚に付いてる限り、
僕らは追って来るキーパーから
逃れられないんだ！

コメント：

ロングショットで、4人のキャラクターの
位置関係を見せる。コンティニュイティを
保つため、キャラクターの相対位置（ラルフは
ダラの左、ダラはレブの左、レブはグロンクの左）が
変わらないようにカメラの位置を決めます。

ショット2

トラッカーバンドのCU。
ダラがラルフの脚を持ち上げ、表示を見る。

ダラ
船にある物じゃあ、切れないわね。
コードがわからないと、
どうしようもないわ。

ショット3

レブとグロンクのMCU。
レブがのこぎりを引く真似をする。

レブ
脚を切って、トラッカーを
海に放り投げちゃえ。
脚はグロンクがくっつけてくれるわよ。

コメント：

カメラを移動して、レブとグロンクの2ショッ
ト。のこぎりを引くレブの動きがフレームに
入る程度の広い画に。

ショット4

ラルフのCU。

ショット5

ダラのOTS。

ショット5 続き

ダラがレブの方を振り向く。

ラルフ
笑えないね。

ラルフ
冗談で言ってるだけだよね?

ダラ
しまっておいて。
今はまだね。

コメント：
このクロースアップでラルフが、ダラ、レブ、グロンクがいるはずの右側に視線を向けていることで、コンティニュイティが保たれます。

コメント：
カメラ位置が後退し、肩越しショットにカットして、ダラがレブを振り向くオチにつながります。このようなわずかな演技を入れるだけで、動きが少なく、セリフばかりが続くショットも面白くなります。

ショットの分析

この例のロングショット、クロースアップ、ツーショット、肩越しショットを 180 度ラインを越えずにどう撮影したかを
図で示しています。船のブリッジのように閉じた環境で展開するシーンには、特に有効です。

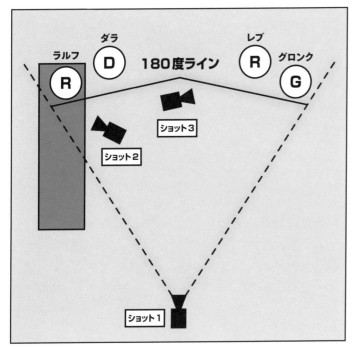

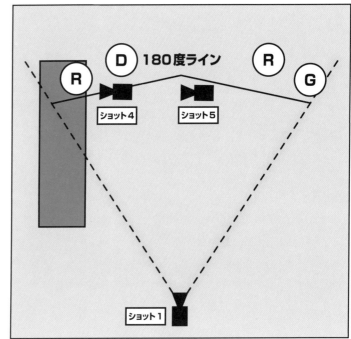

ジャンプカットのよくある問題

ジャンプカットがあると、鑑賞者は何かの不具合だろうと理解し、映画鑑賞の体験が損なわれます。カメラアングルは、しっかり差をつけることが大切です。カメラアングルを変えるのは、ストーリーのある瞬間に、新たな視点で注目するためだと考えましょう。

よく似たステージング

ステージングがよく似たショットをつなげると、カメラアングルが変わったのではなく、映像がわずかに「飛んだ」ように見えます。

解決策：ステージングが似ているためにジャンプカットになる場合には、クロップ（画を狭くする）で対処する。ただし、水平線の高さが変わらないと、根本的な解決にならない場合があります。カメラと被写体との位置関係を 30 度以上変えるのが最も根本的な解決策で、これは**「30 度ルール」**と呼ばれます。

ショット1

ショット2

問題：ショット2のフレーミングが、ショット1とほぼ同じ。

ショット2

解決策：クロップで画を狭く。

ショット2

より良い解決策：カメラ位置もサイズも異なる画につなぐ。

反転

リバースアングルのショット 2 は、キャラクターの
位置もサイズもショット 1 と同じです。こうすると、
人物が同じ場所で、突然くるりと向きを変えたよう
に見えてしまいます。

解決策：サイズを変える。この例では、フルショット
からミディアムショットに変えています。

ショット1

ショット2

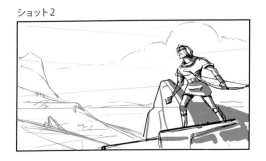

ショット2

ツイニング

ツイニングは、ジャンプカットとは少し違う種類の問題ですが、これもやはり、視覚的な連続性を壊す要因の1つです。右の図を見てください。2人のキャラクターの位置と大きさがまったく均等だと、鑑賞者はどちらに注目したらよいかがわかりません。

解決策：キャラクターをひとまとまりのものとして考え、構図を組み立て直す。また、焦点にしたいキャラクターを大きく、目立つようにする。これは、ショットの焦点となる重要な被写体に視線を誘導するときの基本原則です。

方向の不整合

ショット1でキャラクターが動く方向を
設定したのに、ショット2の動きの方向が
それとぶつかっています。

解決策1：動きの方向を統一する。

解決策2：クッションとして、リバースの
セットアップショットを挿入し、その後で
再びキャラクターを登場させる。

ショット1

ショット2

ショット1

ショット2

ショット2

ショット2 続き

Zoorocco © 2012 Gregg Davidson

動きのコンティニュイティ

前述した180度ラインのルールは、固定カメラとキャラクターの視線を基準にしています。このルールを動く被写体の撮影に適用するには、被写体に対するカメラの向きを常に同じにする必要があります。カメラを取り付けたサイドカーとバイクのような関係です。

これから、あるシーンを見ていきます。ゆっくりと動く車のショットからはじめ、短いショットをつないでアクションを見せると同時に、コンティニュイティは維持します。中には、アクションを追う時間が1秒にも満たないショットがあります。このシーンも、やはりセットアップショットをうまく利用しています。素早いアクションが始まる前にセットアップショットを挟むことで、観る人が、その後に続くアクションについていけるようにするのです。

たいていのアクション映画では、極端なカメラアングルや短いカットをつないで、アクションの臨場感を高めています。うまく編集されたアクションシーンを一時停止しながら見てみましょう。雑然とした画の連続にしか見えなかった映像が、実際には、しっかりコントロールされた画の連続だとわかります。「ブリット」（原題：Bullitt）、「ボーン・アイデンティティー」（原題：The Bourne Identity）、あるいは「007 慰めの報酬」（原題：Quantum of Solace）のカーチェイスシーンなどがお勧めです。コンティニュイティがしっかり保たれていることに驚くはずです。そのセットアップショットがどうなっているかにも注目しましょう！

49ページのアクションマップのカメラの位置を参照しながら、このストーリーボードとコメントを読んでください。

ショット1

街路のLS。
探偵が、突き当たりにある倉庫に向かってクルマを
走らせる。

ショット2

CU。探偵が周囲に目を配る。

ショット3

広告板の上から見下ろす俯瞰ショット。
探偵のクルマが交差点に差し掛かる。

コメント：
このロングショットは、クルマの移動方向
が右から左であることと、舞台が倉庫街で
あることを示すセットアップショットです。

コメント：
クロースアップで、探偵が周囲を警戒する
様子を見せます。動きの方向は、右から左
のまま変わりません。

コメント：
この俯瞰ショットでも、クルマの方向は変わ
らず右から左に向かっています。鑑賞者に、
アクションが起こっている舞台全体を見せ
るとともに、ショット7の位置関係を事前
に示すセットアップショットの役割を果たし
ています。

ショット4

倉庫の上の広告板を見上げる探偵のPOV。

ショット5

探偵の顔に寄る。

ショット6

LS。看板の後ろからガンマンが現れる。

コメント：

POVでも右から左の動きの方向は変わりません。このようなセットアップショットをいったん見せておくことで、ショット6の状況がわかりやすくなります。

コメント：

キャラクターが何かに注目していることを強調するショット。動きの方向は変わらず右から左です。

コメント：

敵vs主人公のセットアップショット。左が敵、右が主人公です。

ショット7

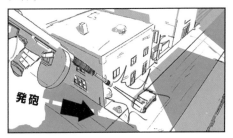

俯瞰ショット。
探偵のクルマめがけて発砲する銃に素早くカット。

ショット8

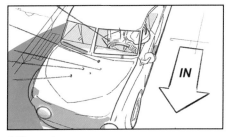

俯瞰ショット。
銃弾を浴びる探偵のクルマ。

ショット9

LS。探偵は突然の襲撃者から逃れるため、
急カーブを切って袋小路に入る。

コメント：
この素早いカットに鑑賞者がついてこられ
るのは、ショット3のセットアップショットで
一度見せているからです。

コメント：
原因と結果：アクションを見せ、次にその
結果を映します。動きの方向は右から左の
ままです。

コメント：
ドラマチックなアングルに変わります。クル
マが方向転換した後も、動きの方向は右か
ら左にそろえます。

ショット9 続き

クルマがスピンしてごみ箱にぶつかり、
ごみ箱はフレーム外（OS：offstage）へ
弾き飛ばされる。

ショット9 続き

...スリップして止まる。

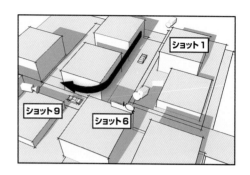

全体図

アクションマップ。コンティニュイティを
保つために、移動するクルマのアクション
ラインを基準に、カメラの位置を決めます。

ショット6のセットアップショットのおかげ
で、鑑賞者は記憶の中でシーンを組み立て、
短いカットが素早く切り替わるシーンを
理解できます。映画のエクスペリエンスは、
鑑賞者が記憶する関係性のチェーンによっ
て（チェーンは映画の冒頭シーンまでさかのぼる）、
そしてこの先のストーリー展開に対する
期待によって作られます。

コメント：

クルマはスピンして止まり、一連のショッ
トはひと区切りです。ここからは、しっかり
見せてきたセットアップを利用しながら、
新しいカメラアングルを使ってストーリー
を見せられます。

CHAPTER 4

180度ラインを越える

180度ラインの片側から撮れない画を使いたいときには、どうしたらよいのでしょう？ 180度ラインを越えて撮影すること自体は可能です。その映像を使う場合は、ラインをまたいだショットに切り替える前に、クッションショットを挟むのが一般的です。そうすることで、ジャンプカットの違和感を和らげるわけです。

実写の場合、その用途のためだけに別で撮影したショットを「Bパック」と呼んだりします。クロースアップ、インサートショット、カットアウェイなどが、180度ラインをまたぐときのクッションショットとして一般的に使われます。そのほかにも、動きの方向を利用したトリックを使う、180度ライン上で撮影する、アクションカット（Chapter 5「カットとシーントランジション」で詳述します）を用いるといった方法もあります。

ニュートラルなインサートショット

180度ラインをまたぐときは、真正面を向いたキャラクターのクロースアップを挿入する方法がよく使われます。下の図は、37ページのジャンプカットの例にクッションショットを挟んでいます。キャラクターの

目のクロースアップは、カメラに正対し、左右どちらにも向いていない、中立の画です。そこから、男性が斜め45度でカメラを向いているショットにつなげば、ジャンプカットの違和感を覚えることはありません。

ショット1

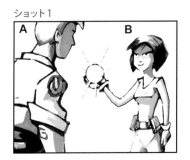

ショット2

クッションショット

ショット3

カットアウェイショット

屋外ショットのカットアウェイもクッションショットとしてよく使われます。下の例では、キャラクターの視線をいったんフレームの外に向けさせてから、ショット2では近づいてくるクルマのカットアウェイにつなぎます。ショット3でカメラがキャラクターに戻ったときには、180度ラインの反対側から撮影しています。

カットアウェイショットを見せる時間が短いときは、180度ラインをまたいで逆アングルで見せる画を最初のショットとははっきり違う構図にすると、2人が入れ替わったように見えません。この例では、ショットをクロップして2人に寄った画にしました。

ショット1

ショット1

ショット2

ショット3

ライン上で見た目ショット（POV）を撮影する

今度は、キャラクターのPOVショットを利用して180度ラインを越える方法です。下の図のカメラのセットアップを参照しながら、次のページのストーリーボードを見ていきましょう。

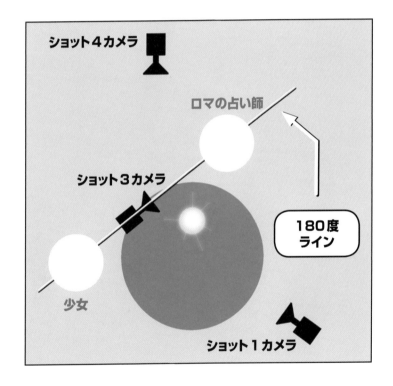

ショット1

ショット1でアクションの180度ラインが決まる。
少女と占い師の視線を結んだラインがそれだ。
左手に少女、右手に占い師。

ショット2

ショット2は、占い師を見る少女のPOVショット
（ショット3）を見せるためのセットアップ。

ショット3

少女のPOVは180度ライン上で撮影（左ページ
参照）。

ショット3 続き

左手に視線をやって少女を見た後、占い師は、
視線を右に移して水晶玉をのぞき込む。
この一連の動作で連続性が保たれている。

ショット4

180度ラインをまたいで、椅子の背後から撮影。
少女が右手に移動してはいるが、右を向いた
占い師は、前のショットとの視覚的な連続性が
保たれている。

ショット4 続き

このつなぎ方なら、180度ラインを越えても
違和感がない。

動きの方向

被写体の動きの方向を利用する方法もあります。次のページのストーリーボードを見てから、この後のシーンの説明を読んでください。

ケリーが右側からフレームインして、2人の男が乗るクルマに歩いていきます。ショット1からショット3までは180度ルールが守られており、180度ラインは越えていません。ショット4はケリーのクロースアップのトラッキングショットで、動きの方向は右から左です。これは右手から左手への"動きの方向"をセットアップするためのショットで、ショット5にも引き継がれます。続くショットで、カメラは180度ラインを越えてクルマの背後に回り込み、右側からフレームインするケリーを2人の男の肩越しに映します。これは実際にはありえない動きです。理論的には、ショット5でケリーは、左手からフレームインするはずです。しかし、ショット4のクロースアップがクッションショットの役割を果たし、ショット5の動きは自然に見えます。ケリーの動きの方向が一致しているために、カメラが180度ラインをまたいでも、視覚的なコンティニュイティが保たれているわけです。

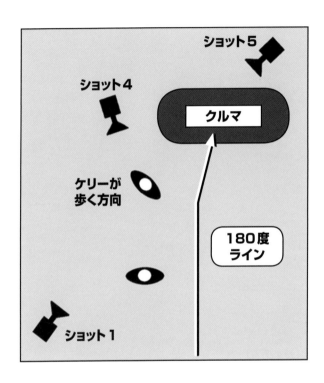

動きを利用して180度ラインを越える

ショット1

EXT路地。ケリーが右側からフレームイン
し、路地に停車するクルマに近づいていく。

ショット2

カメラがクルマと2人の男に寄る。
ケリーが右側からフレームイン。

ショット3

カメラが、挨拶をする運転席の男に寄る。

ショット4

ケリーのクロースアップの
トラッキングショット。

ショット5

リバースで男たち。
ケリーは右側から歩いてフレームイン。

CHAPTER 5

カットとシーントランジション

この章では、アクションカット、ミスマッチカット、クロスカットなど、ストーリーボードアーティストがストーリー展開のペースやアクションをコントロールする目的で利用できる、つなぎ（カット）のテクニックをいくつか紹介します。続いて、フェード、ワイプ、ディゾルブといった、映画やアニメーションでよく使われるシーントランジションについても、大まかに解説します。トランジションは、場所の移動、時間の経過、新たなストーリー展開など、ストーリーの大きな変化を示したいときに有用です。

アクションカット

アクションカットは、どんな映画のジャンルにも使える非常に柔軟なテクニックです。ショットとショットを動きで関連付けるもので、前後のカメラアングルがまったく異なっても機能します。たとえば、1つ目のショットでわかりやすくアクションが始まり、続いて別のカメラアングルに切り替わり、アクションが終わる。あるいは1つのアクションを複数の短いカットで見せると、ドラマチックな印象を高めたり、展開のペースもコントロールできます。

ショット1は、マスクをつけた人影が岩から岩へジャンプするワイドショットで始まります。ショット2はもう少し狭い画で、飛び降りてフレームインするキャラクターを横から見せ、続いてジャンプしてフレームアウト。ショット3にカット。ドラマチックなあおりショットで、剣を抜きながら飛び降りるキャラクターがカメラのすぐ前を通り過ぎる。最後のショット4は、キャラクターが着地する瞬間と、剣を振りかざすまでのミディアムクロースアップ。

アクションカットなら、まったく別のカメラアングルのショットをつなぐことができます。アクションとスクリーン上での方向が視覚的な連続性を保っていれば、鑑賞者は混乱なく展開を追うことができます。

ショット1

ショット2

ショット2続き

ショット3

ショット4

ショット4続き

ミスマッチカット

通常なら避けるべきミスマッチカットも、180度ラインをまたぐアクションカットに用いると、ドラマチックな効果を得られます。アクション映画によく使われるテクニックです。

下の例を見てください。ショット1で、一輪バイクがジャンプして、カメラの前を左から右へ通り過ぎます。それがショット2では一転、右からフレームインして着地した後、左へ走っていきます。これはジャンプカットです。それなのに、観る人はおそらくこの映像を違和感なく受け入れます。飛び上がったバイクを見たら、次は当然、着地だろうと期待するからです。たとえ2つのショットの動きの方向が逆でも、着地の瞬間を見たことで、鑑賞者の期待は満たされるわけです。鑑賞者は、そのビジュアルから刺激を受け、アクションが2つのショットをしっかりリンクさせています。とはいえ、この類のカットはそう頻繁には使えません。素早く切り替わるアクションカットの間も、ミスマッチカットと従来のコンティニュイティを維持したカットを組み合わせ、鑑賞者が観るべき場所を把握し、方向の転換についていけるようにしましょう。そうでないと、鑑賞者は映像への興味を持続できません。

ショット1

フレームアウト（OS：OffStage）

ショット2

フレームイン

クロスカット

別々の場所を撮影した、2つ（またはそれ以上）のシーケンスを交互に切り替えて、相互のストーリーを行き来するのがクロスカットです。ドラマチックな出来事の結果を予測させるために、並行して進む2つのストーリーを交互に見せることもあります。舞台となる場所は近くても、遠く離れた場所でもかまいません。あるいは、違う時代や、回想と現在をクロスカットでつなぐこともあります。

下は、2つのストーリーラインを交互に行き来するカメラカットの例です。ショット1とショット3は、進軍するドイツの戦車を追っています。アメリカ兵が防衛している橋を渡ろうというのです。ショット2とショット4は、アメリカ兵とドイツ兵の1対1のもみ合いです。戦車を止めようと、橋に仕掛けた爆薬の起爆装置に手を伸ばしています。

ショット1

ショット2

ショット3

ショット4

フェード、ワイプ、ディゾルブ

映画を観たことがある人ならおわかりでしょうが、シーンが変わるときには、何らかの「間」があります。1つのシーンが終わり、ゆっくりとしたパンで別のキャラクターが登場する別のシーンに切り替わることもあれば、クロースアップでしばらく止めて、鑑賞者が次の画に切り替わったときの注視点の変化についてこられるようにすることもあります。シーントランジションは、ストーリーラインが大きく変化することを示す目的で使うことが多い手法です。最も一般的に使われるのは、舞台となる場所が変わるときや、ストーリーが新たな曲面に入ることを示すときです。

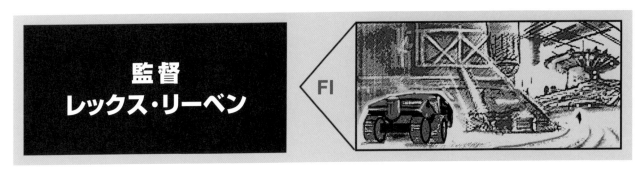

オープニングクレジットから、最初のシーンにフェードイン。

フェード

映画のオープニングとエンディングでよく目にするのが、黒い画面からのフェードイン(FI)と、黒い画面へのフェードアウト(FO)です。また、映画の途中でも、長い時間の経過や、いったん別のストーリーが展開されることを示す目的で使われることもあります。たとえば、真っ暗な画面にフェードアウトすると、キャラクターが気を失ったことが暗示されるといった使い方です。表記方法：「FI」と書いた左向きの三角はフェードイン、「FO」と書いた右向きの三角はフェードアウトを意味します。

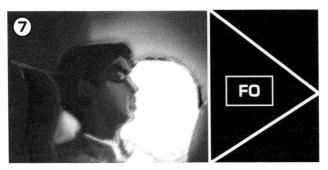 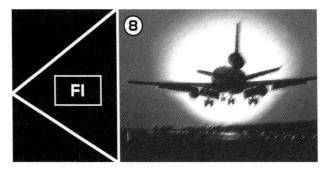

飛行機の乗客であるキャラクターが意識を失ったことを示すために黒い画面にフェードアウトし、フェードインで数時間後の飛行機が着陸する場面に切り替わる。

ワイプ

ワイプは、グラフィックパターンを使って、現在のシーンの上に新しいシーンを重ねるトランジションです。さまざまなパターンがあり、古くから使われているパターンには、リビール、アイリス（開く／閉じる）、ベネチアンブラインド、シーンフリップなどがあります。このようなトランジションは、TVアニメや、冒険映画、コメディー映画、コミックブックの映画化ではよく使われます。ただし、ドラマではめったに使いません。ワイプは、徐々に切り替わるディゾルブと比べて目につきます。たとえば、ジョージ・ルーカスの傑作「スター・

ウォーズ」で使われているワイプを「カサブランカ」のような映画に用いると、目障りです。ジャンルに合いません。

円、渦巻き、回転するロゴ。ほぼどんな形状でも、ポストプロダクションでワイプのパターンにできます。パターンをデザインしたり描いたりするのは、普通はストーリーボードアーティストの仕事ではありません。表記方法：スクリプトに従い、白紙のストーリーボードパネルに「ワイプ（wipe）」と書きます。

右から左へ向かって、対角線のワイプパターンを使い、塔を山で置き換える。

> QuickTime Pro、iMovie、After Effects、Final Cut Proといった編集ソフトや合成ソフトには、代表的なトランジションパターンがあらかじめ搭載されています。試してみてください。

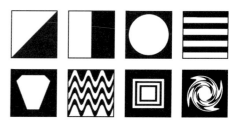

ワイプパターン

ディゾルブ

ディゾルブは、時間の経過、場所の移動、さらには心理状態の変化を表現したいときにも有用です。視覚的にマッチする要素を使ってシーンをつなぐディゾルブを、マッチディゾルブと呼びます。現在のシーンにある要素を1つ選び、それを次のシーンの要素とマッチングさせます(たとえば、窓から見える夏の景色を、同じ窓から見た冬の雪景色にディゾルブするなど)。クロスディゾルブ(X-DISS)は、現在のシーンをフェードアウトさせて、その上に次のシーンをフェードインで重ねます。表記方法:フレームとフレームの間に大きく「X」と書きます。

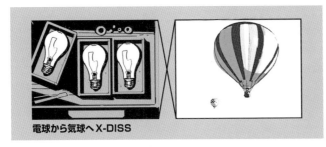

電球から気球へX-DISS

同じようなシェイプのマッチディゾルブ

掛け時計から満月へX-DISS

まったく同じシェイプのマッチディゾルブ

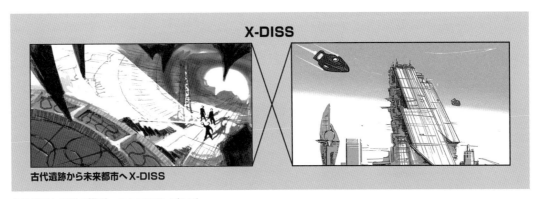

X-DISS

古代遺跡から未来都市へX-DISS

ある場所から別の場所へのクロスディゾルブ

CHAPTER 6

デジタルストーリーボードと 3D モデリング

私の知るほとんどのアーティストが、画面やタブレットに描くより、紙と鉛筆で描く方がいいと言います。しかし、タブレットやタブレットをつないだ PC でデジタルで描けるアーティストや、主要な描画ソフトで描くことに慣れたアーティストの方が、そうでないアーティストよりも仕事の上では有利です。デジタルパイプラインは、大手スタジオの制作パイプラインに必ず組み込まれています。

Zoorocco © 2012 Gregg Davidson

手描きのストーリーボードが受け入れられないわけではありません（スキャンして使うこともできます）が、デジタルストーリーボードにはたくさんの長所があり、今や映画制作のプリビジュアライゼーションにはデジタルのスキルは必須です。

プリビジュアライゼーション（プリビズ、ボード・オー・マティックとも呼ばれます）では、デジタル技術（3D モデリングなど）を利用して、本番撮影の前に、複雑なショット、スタント、特殊効果のシーケンスをプランニングします。

以下に、デジタルストーリーボードを使う利点の一部を挙げます。

- 画をレイヤー化できる。例：背景、前景、キャラクターなど。作成したアートワークは、アニマティクスや別のショットで再利用が可能。
- 動きのついたレイヤーやエフェクト付きのアニマティクスを作成すれば、ショットのプランニングの精度が向上する。
- 3D ソフトを使えば、ブロッキングした（大まかに動きと位置を示した）シーンをプリビズアーティストと直接やり取りできる。
- 画像やテキストの編集が簡単。
- ショットシーケンスやページの並べ替えが簡単。
- 印刷も簡単。
- どこからでもファイルを共有できる。
- 携帯型のタブレットなら、どこへでも持ち運んで作業ができる。

ソフトウェア

デジタル技術は急速に進化し続けています。ここでお勧めするものも、本書の出版から1年も経たないうちに時代遅れになってしまうでしょう。PhotoshopやSketchUp Pro(3Dモックアップ作成)といった定評あるパッケージは、多用途で機能も優れ、実写のストーリーボードアーティストの間では引き続き使われると考えます。Storyboard Proは、アメリカの大手アニメーションスタジオでは実質上の標準ソフトウェアです。

ハードウェア

現在販売されているハイエンドタブレット、Wacom Mobile StudioとMicrosoft Surface Proは、どちらもWindows上で動作します。タブレットはコンピューターですから、相応のお金を払えば、主要なソフトウェアを動作させられます。コストを抑える選択肢としては、iPad Pro、Samsung Galaxy Tab Aが挙げられます。素晴らしいアプリがたくさんありますから、こうしたタブレットはストーリーボードアーティストの頼れる相棒になるでしょう。

Procreateなどの人気のアプリも、ハイエンドの描画ソフトに比べるとツールの種類は少ないかもしれません。しかし、さまざまな描画用アプリを組み合わせれば、足りない機能を補うことができます。また、オペレーティングシステムも同様に進化しており、アプリ同士でファイルをシームレスに共有できるようになっています。アプリ間で画像をドラッグ＆ドロップし、成果物をクラウドにアップロードして、アートディレクターにレビューしてもらうことも可能です。この先、アプリがどう進化していくか、実に楽しみです。真に発展的な形で「使える」アプリだけが、生き残っていくでしょう。

3Dモデリングの例

実写、アニメーションを問わず、ワークフローに簡易 3D モデルを取り入れ、複雑なシーン(たとえば、街中でのカーチェイスなど)のストーリーボードを描くアーティストが増えています。プリビズアーティストも、さまざまな目的、さまざまな方法で、3Dアセットを制作に生かしています。あるアニメーションのパイロット制作で、3DCG の簡易モデルを作り、さまざまな部門で活用した例を紹介しましょう。

デジタルでのシェイプスケッチ

シェイプスケッチとは、多くのデジタルソフトに搭載されている、シェイプの塗りつぶしツールを使った描画のことです。これらのイラストは、Manga Studio の投げ縄塗りつぶしツールで描きました。この一発描きの描画ツールを使うと、型にはまらないダイナミックなジェスチャーと、ディテールの省略は強制です。ラフなコンセプトをいくつも描くには、うってつけです。それに、最終的な成果を気にかけずに、偶然がどんなものを生み出すかを見るのは純粋に楽しいものです。

テストルーム

アサイン：テストルームでのアニメーションシーケンス。キャラクターは椅子に固定され、円形に敷かれたレール上を動く。

アプローチ：SketchUp を使ってモデルを作成しました。ストーリーボードがずっと楽に描けました。カメラは自由にアングルを変えられます。

効果：特にリバースアングルのショットには効果的です。複雑な機械やカーブした空間を逆から見た画をゼロから描かなくてすんだからです。アニメーターも、モデルをリファレンスにすれば、レールに沿った椅子の動きを正確なパースで描けます。このモデルは、ストーリーボード、アクション図、背景レイアウト、カラーキーのリファレンスとして、大いに活用しました。

SketchUp

Zoorocco © 2012 Gregg Davidson

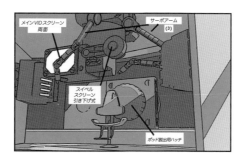

円形の食堂

アサイン：巨大なハンバーガーの形をした、50年代風の食堂が舞台の長いシーケンス。カウンターの周りにぐるりと椅子が配置され、カウンターの上にはジュークボックスが並ぶ。

アプローチ：パースが難題でした。ぐるりと円形に並ぶオブジェクトは1つひとつ消失点が異なります。モックアップは簡単に作れました。円柱を何本か配置したら、ジュークボックスと椅子を1つずつ作り、それを複製して円形に並べるだけです。

効果：バーチャルセットでカメラ位置を探り、ベストなカメラアングル（一番下の図、カウンター越しのショットなど）を見つけました。画像はPhotoshopで傾けてストーリーボードに使い、背景部門ではペイントのテンプレートとして利用されました。

Zoorocco © 2012 Gregg Davidson

飛行体「フリッター」

アサイン：あるエピソードのラスト 5 分間。数人のキャラクターが「フリッター」と呼ばれる、やや複雑な小型飛行機で飛び回る。この飛行機は、30 以上の静止ショットと空中のショットで使用する。

アプローチ：どんなアングルにも使えるように、モックアップを作りました。

効果：ストーリーボードおよび CG アーティストがシーンの作業に利用しました。また、最終的に作り込まれた CG モデルのリファレンスにもなり、そのエピソードのパイロットで使用されました。

Cinema 4Dで作成したモックアップ

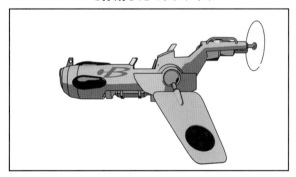

Zoorocco © 2012 Gregg Davidson

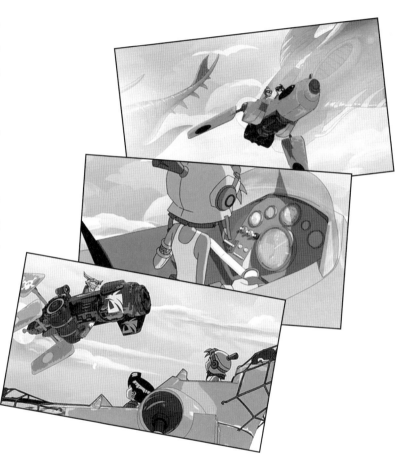

CHAPTER 7

ストーリーボードの成り立ち

ストーリーボードは、1）画と、2）撮影に関する説明や注釈を組み合わせたものです。シーケンスのカメラアングル、アクション、トランジション、エフェクトをどう処理すべきかを書きます。この章では、サンプルの注釈付きのストーリーボードのシーケンスを見ながら、これまでにでてきた用語をおさらいします。2D アニメーションのストーリーボードには特有の決まり事があります。これについても後ほど説明します。また、ストーリーボードに関連する映画業界の用語とその定義をまとめた用語集が巻末にあります。

マッスルカーのファンをターゲットにした、モーターオイルの製品紹介動画をサンプルに説明をしていきます。製品名は、架空の名前に変えてあります。

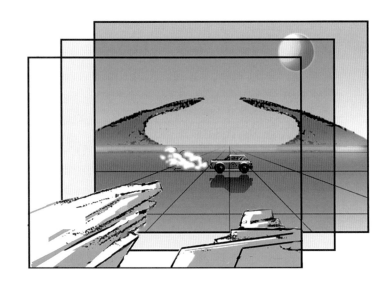

サンプル 1

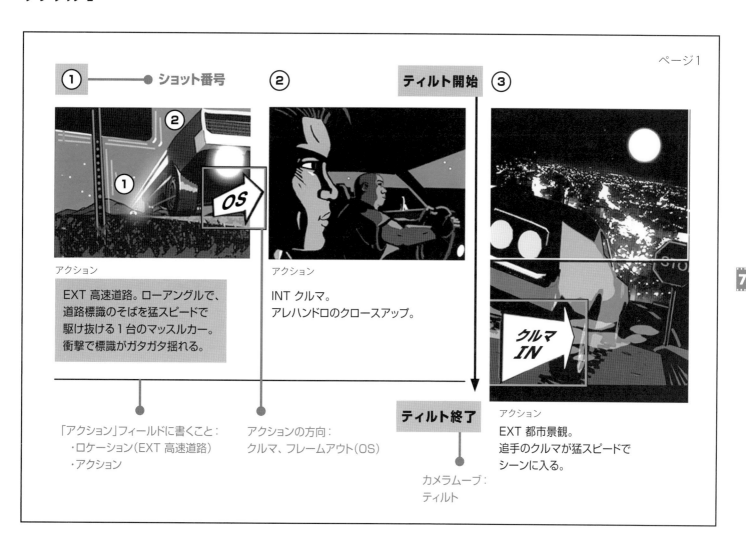

① ●━━ ショット番号
②
ティルト開始
③

アクション

EXT 高速道路。ローアングルで、
道路標識のそばを猛スピードで
駆け抜ける1台のマッスルカー。
衝撃で標識がガタガタ揺れる。

アクション

INT クルマ。
アレハンドロのクロースアップ。

ティルト終了

アクション

EXT 都市景観。
追手のクルマが猛スピードで
シーンに入る。

「アクション」フィールドに書くこと：
・ロケーション(EXT 高速道路)
・アクション

アクションの方向：
クルマ、フレームアウト(OS)

カメラムーブ：
ティルト

サンプル 2

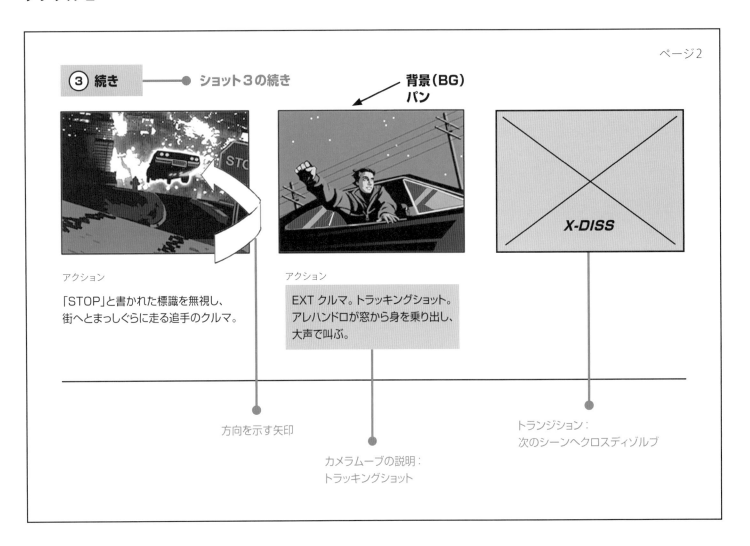

③ 続き ━━● ショット 3 の続き

背景（BG）パン

アクション

「STOP」と書かれた標識を無視し、
街へとまっしぐらに走る追手のクルマ。

アクション

EXT クルマ。トラッキングショット。
アレハンドロが窓から身を乗り出し、
大声で叫ぶ。

X-DISS

方向を示す矢印

カメラムーブの説明：
トラッキングショット

トランジション：
次のシーンへクロスディゾルブ

サンプル3

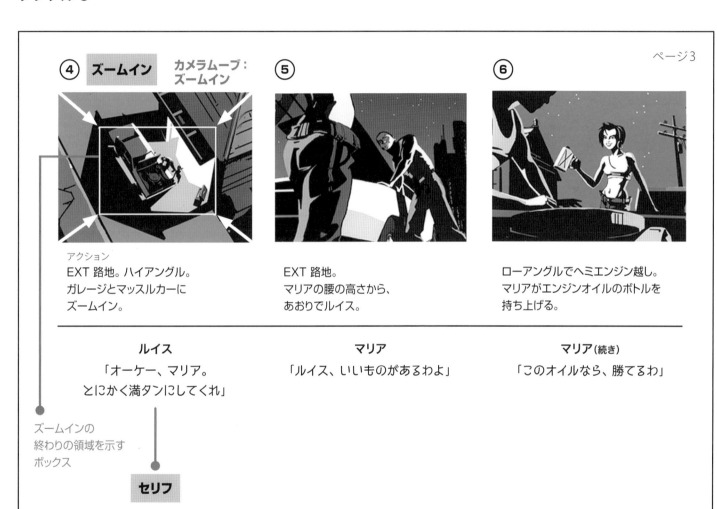

④ **ズームイン**　カメラムーブ：
ズームイン

⑤

⑥

アクション
EXT 路地。ハイアングル。
ガレージとマッスルカーに
ズームイン。

EXT 路地。
マリアの腰の高さから、
あおりでルイス。

ローアングルでヘミエンジン越し。
マリアがエンジンオイルのボトルを
持ち上げる。

ルイス
「オーケー、マリア。
とにかく満タンにしてくれ」

マリア
「ルイス、いいものがあるわよ」

マリア(続き)
「このオイルなら、勝てるわ」

ズームインの
終わりの領域を示す
ボックス

セリフ

アニメーションのストーリーボードの成り立ち

アニメーションのストーリーボードの場合は、レイアウトの段階でわかるように、あるいはアニマティクス作成時に分解できるように、レイヤー構成を示す必要があります。基本のレイヤーは、オーバーレイ、アニメーション、エフェクト、アンダーレイ、背景です。

通常、オーバーレイ(OL)にはアニメーションを付けないオブジェクトを置きます。アニメーションの上に重ねるレイヤーで、たとえば木の向こう側を歩いて通り過ぎるキャラクターがいれば、OLに木を置きます。アンダーレイ(UL)は、アニメーションの下に置くアートワークです(たとえば、キャラクターの背後の大岩)。そして、このアンダーレイにはさらにその下のレイヤーの上に重ねます。最も下の層が背景(BG)です。

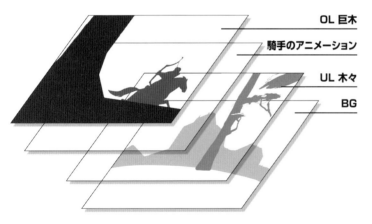

OL 巨木
騎手のアニメーション
UL 木々
BG

基本のレイヤー構成

奥行きを示す

この例は、2D のグラフィックスで奥行き方向への動きを再現する方法を示しています。これには、レイヤーを使います。アニメーションレイヤーには、平原の彼方を横切るクルマが描かれています。カメラムーブはトラックイン(TI)。カメラがクルマに寄ると同時に、OL の岩(OL#1、OL#2)がそれよりも速いスピードで左右に離れます。これは、人間が空間を把握する仕組みを模しています。私たちは、遠くのものはゆっくり、近くのものは速く動いて見えることを経験で知っています。カメラ(つまり鑑賞者)が動くと、鑑賞者から近いオブジェクトは、遠くにあるオブジェクトよりも短い時間で視野から外れていきます。動いているクルマの窓から外を見ているときの感覚です。

右上のシーンでカメラムーブがトラックインではなく、パンだとしたら、前景の岩は一瞬で見えなくなり、背景のアーチ状の岩は非常にゆっくりと、そして空はもっとゆっくりパンします。デジタル合成なら、こうしたレイヤーをいくつでも簡単に作成できます。

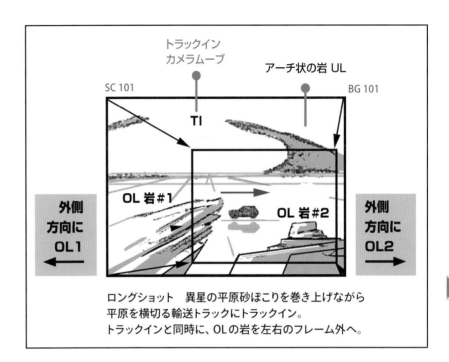

ロングショット　異星の平原砂ぼこりを巻き上げながら平原を横切る輸送トラックにトラックイン。
トラックインと同時に、OLの岩を左右のフレーム外へ。

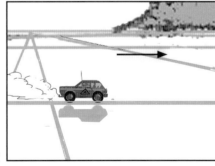

トラックイン後のサイズ

エフェクトレイヤーとサイクルアニメーション

アニメーションのストーリーボードでは、エフェクトレイヤーとサイクルアニメーションがよく用いられます。このショットの場合は、クルマと背景（BG）のパンをカメラで追い、道路のサイクルアニメーションを使います。シーンには、ヘッドライトと音響効果も必要です。レイヤー構成を、下から上の順に見ていきましょう。

- 背景（BG）
- 道路のサイクルアニメーション
- 静止のクルマ（ホールドセル、止め）
- タイヤのサイクルアニメーション
- ヘッドライトのSFX（特殊効果）

背景画（動く分を考慮して、フレームより数センチ大きく描く）が矢印の方向へゆっくり動いて、地平線が遠ざかっていきます。道はサイクルアニメーションです。クルマのレイヤーの下で、同じアニメーションを繰り返します。クルマがまったく向きを変えないなら、「ホールドセル」または「止め」と呼ばれる完全な静止画を使います。タイヤのアニメーションは、シンプルな弧のサイクルアニメーションです。これを、ホールドセルのタイヤにぴったり重ねます。ビームライトのSFXは一番上のレイヤーで、クルマのヘッドランプに位置を合わせます。

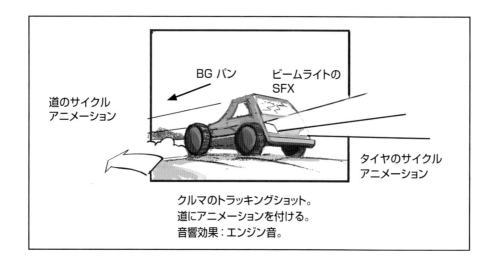

道のサイクル
アニメーション

BG パン

ビームライトの
SFX

タイヤのサイクル
アニメーション

クルマのトラッキングショット。
道にアニメーションを付ける。
音響効果：エンジン音。

ストーリーボードの
プレゼンテーション

映画

映画のストーリーボードは通常、ワイドスクリーンフォーマットで、レターサイズの用紙を横長の向きで使います。シーンを描き終えたら壁に貼り、監督やクライアントに向けて、ストーリーボードアーティスト自身がピッチ（プレゼン）します。壁のストーリーボードを前にディスカッションして、変更や修正の指示をもらいます。この「ピッチ」もまた、ストーリーボードアーティストが身に付け、磨き続けるべきスキルです。

アニメーション映画用のワイドスクリーンのストーリーボード

TVアニメーション用のページ（4：3フォーマット）

TVアニメーション

TVアニメーションのストーリーボードでは、普通はレターサイズかリーガルサイズの用紙を使い、1ページに3〜6つのパネルを並べます。また、ピッチではなく、ボードを冊子にまとめてレビュー用に監督に送ります。監督はボードにメモや修正箇所を書き込み、それをアーティストが確認する、という流れです。

業界のデジタル化が進み、ルーカスフィルムの「クローン・ウォーズ」（原題：Clone Wars）シリーズや「スター・ウォーズ　反乱者たち」（原題：Star Wars Rebels）のように、3Dの世界でそのまま構図を作れるストーリーボードアーティストを採用するプロジェクトもあります。このようなプロジェクトでは、手描きのストーリーボードは省略して、前もって用意されたキャラクターをバーチャルセットで操り、ソフトウェアでアクションをつけます。しかし、そのような時代ではあっても、映画やTVのプロダクションの大半は、良い画が描けて、ストーリーを語ることができるアーティストを求めています。

メディアによるフォーマットの違い

TVアニメーションでのパン（ワイドスクリーン16：9）
（カメラムーブのレイアウト領域を示す）

TVアニメーションでのトラックイン
（レイアウト領域を示す）

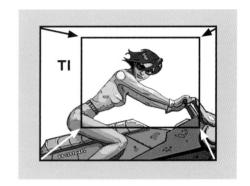

映画でのパン

映画でのトラックイン

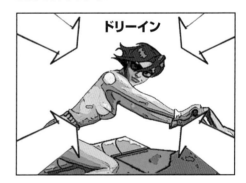

映画でのティルト（または、パン）とトラッキング：ひとつながりのショット

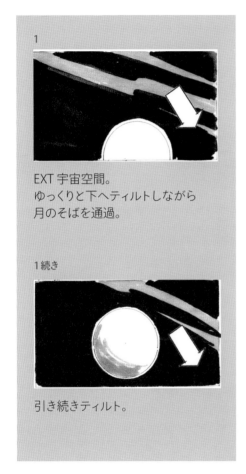

1

EXT 宇宙空間。
ゆっくりと下へティルトしながら
月のそばを通過。

1続き

引き続きティルト。

1続き

引き続きゆっくりしたティルトで、
惑星の上の宇宙船をトラッキング。

1続き

カメラは宇宙船をトラッキング。
宇宙船はフレームインし、
船体を傾ける。

1続き

引き続き宇宙船をトラッキング。
宇宙船は向きを変え、
惑星に向かって下降する。

1続き

スクリーンのアスペクト比

TV業界と映画業界でよく使われる、スクリーンサイズフォーマットを覚えておきましょう。

ワイドスクリーンHDTV： 最近は、アナログの標準規格だった4：3フォーマットから、ワイドスクリーンTVフォーマットに変わりつつあります。

アメリカンビスタ： アカデミーフラットとも呼ばれる、映画の標準ワイドスクリーンフォーマット。ただし実際には、上下に黒みを入れて1.37：1にしたものが、アカデミー標準のアスペクト比として使われています。

アナモルフィックレンズで撮影した映像は、標準の35mmフィルムに合わせて圧縮され、さらにアナモルフィック映写機でワイドスクリーンフォーマットに引き伸ばされます。

映画には実にさまざまなフォーマットがあります。映画に興味があるなら、その歴史と発展についても時間を取って調べましょう。

ジム・ミッチェル氏 インタビュー

ジムは、水中写真のダイバー、そしてスキューバダイビングの講習テキストのイラストレーターとしてキャリアの一歩を踏み出しました。1979年にウォルト・ディズニー・カンパニー宛てにポートフォリオを送ると、同社に採用されました。ジムは、何本かの映画にアシスタントアニメーターとして参加した後、「オリバー ニューヨーク子猫ものがたり」（原題：Oliver and Company）でストーリーアーティストに昇格します。ストーリーボードアーティストとしてのキャリアは、それが出発点でした。

スキルの幅を広げたジムは、ウォルト・ディズニー・イマジニアリング社でテーマパークのライドのコンセプトアートを制作したり、アクティビジョン社のビデオゲーム「メックウォーリア」（原題：MechWarrior）シリーズのアニメーションにも参加しました。2000年、ニューヨークに拠点を移し、カートゥーンネットワークの「おくびょうなカーレッジくん」（原題：Courage the Cowardly Dog）のスーパーバイザーを務めます。

そこからジムは、「イースターラビットのキャンディ工場」（原題：Hop）、「アベンジャーズ」（原題：The Avengers）、「猿の惑星：新世紀」（原題：Dawn of Planet of the Apes）、「ジャングル・ブック」（原題：The Jungle Book）、「ジュマンジ／ネクスト・レベル」（原題：Jumanji: The Next Level）といったアニメーション映画や実写映画に参加することになります。そして今は、ジムの両親が、彼を後押ししてくれたのと同じように、子どもから大人まで、幅広い対象に総合芸術としてのデジタルメディアを教えようしています。

映画の仕事では、どのような仕事をしているのですか?

プロジェクトによって違います。「ジュマンジ」ではVFX（視覚効果）のストーリーボードを担当しましたが、アート部門と一緒にコンセプトアイデアをボードにしたり、スタントコーディネーターとシーンを練ることもありました。1日が終わる頃に、監督がやってきてストーリーボードレビューをします。ストーリーボードのクルーがメモを取ったり、修正を加えます。次に、VXFプロデューサーがボードを見て、コメントがあれば検討したうえで、プリビズのスーパーバイザーに渡します。クルーの人数は、実写の場合は幅があります。視覚効果の複雑さに応じてずいぶん違いますが、普通は2〜8人くらいでしょう。「猿の惑星：新世紀」は、映画が完成するまでの間、複数のアーティストが別々の時期に作業に入りました。

VXFシーケンスを担当するときはいつも、できるだけ多くの情報を提供して、監督がシーンに求めるCGIアニメーションをセットアップできるようにすることを心がけています。また、アクションがクリアになるように、十分な数のポーズを描きます。3Dモデリングもやり、写真家だった頃にはカメラのセットアップもしていましたから、3Dモデルを作ったり、カメラレンズに関するメモを書いたりもしています。

出張は多い職業ですか?

私はロサンゼルスのアートディレクター組合とアニメーション組合に加盟しているため、普段はL.A.で仕事をしていますが、ときには現地に出向くよう依頼されることもあります。「猿の惑星：新世紀」ではニューオーリンズ、最近では「ジュマンジ／ネクスト・レベル」でハワイに行きました。現地にいたので、監督やクルーと直接やり取りができました。基本的には、呼ばれるのを待っています。呼ばれたときにはすぐに、メモを取ったりストーリーボードに変更を加えられるように、準備しています。

アニメーション映画や実写映画のストーリーボードだけでなく、TVやテーマパークのお仕事もされていますね。仕事のやり方は違いますか?

アニメーションのストーリーボードは、様式化されていて、自由な流れで作っていくことが多いですね。シーンに登場するキャラクター1人ひとりの感情や動きをアーティストが作っていくからです。実写の場合は、俳優がいますから、ボードが使われるのは主に視覚効果やスタントになります。アニメーションはチームの成果物ですから、アイデアをアーティスト間で共有することが特に大事です。実写の方が分業化されていると思います。

テーマパークのデザインは、映画とは違う難しさがあります。ライド中心にストーリーを組み立てるわけですからね。一般に、プロデューサー、アートディレクター、技術者、そしてアーティスト（私です!）で1つのチームです。チームの使命は、その後、何年もの間

繰り返される体験を提供することです。その点映画は、鑑賞者の関心を2時間持たせればいいわけです。また、特別かつ没入できる体験にするには、さまざまな側面から考えてストーリーボードを描く必要があります。それに、実際の空間で機能しなくてはなりません。そして、私の画を好きだと言ってくれる、難しい計算や設計のできるスタッフと仕事をするわけです。

監督との関係は、どうしていますか？

監督の承認を得るためのピッチ（プレゼン）をどんなふうにやるかは、アーティストによってスタイルはさまざまです。私の場合、アイデアをピッチして監督から意見をもらうときには、シーンが良くなると思えば代案も出します。いずれにせよ、監督の意見が絶対です。監督はボスです。船なら船長です。我々は全員が総力を挙げて彼を喜ばせ、可能な限り早く、彼の映画を彼の手に渡すわけです。もちろん、常に礼儀は大切にしている方ですが、そう気を使ってふるまってはいません。私は、監督を驚かせたいわけです。監督を驚嘆させ、満足させれば、監督はもっと大切なことに取りかかれます。それこそが、目指すことです。

1つのアクションで、中間のポーズはいくつくらい描きますか？

いくつという決まりはありませんが、私の場合はだいたい3つですね。ストーリーボードにキャラクターを描くときは、ポーズは多めに描いてプリビズに渡すようにしています。アニメーションの場合は特に、プリビズでキャラクターの表情やシーンでのタイミングに悩まずにすむように、ポーズも指示もしっかり描くことが大切です。

そうしないと、プリビズ担当が、ポージングやタイミングを私の意図とは違うように解釈する可能性があります。あるいは、前後のシーンとのつながりがおかしくなる可能性もあります。ストーリーボードで絶対に大切なのは、できる限りクリアにすることです。

デジタルは、仕事にどの程度重要でしょう？

デジタルメディアはもはや、私の仕事に欠かせません。幸い、私はずいぶん前からデジタルを使っています。たくさんの仕事をもらい、継続できるかどうかは、デジタルを扱えるかどうかでまったく違ってきます。本当に優秀なのに、デジタルを取り入れず、仕事が減ってしまったアーティストもたくさんいます。

習得するとしたら、お勧めのソフトはありますか？

ベストだと思うソフトウェアをアーティストたちに聞いたら、さまざまな意見があることでしょう。私もよくそんな会話をします。中には、たくさんのソフトを試したという友人も数人います。私のワークフローはPhotoshopが中心で、シーン番号やページ番号を振ったり、PDFに書き出すときは、Bridgeを使います。タブレットとProcreateの組み合わせは最高です。知り合いのストーリーボードアーティストの大半がそう言います。

私はストーリーボードに3Dモデルを取り入れています。SketchUpのようなソフトは、カメラアングルのセットアップに非常に便利です。価格も安く、業界では広く使われています。アートディレクター御用達です。

デジタルの波に今から乗ろうという人に、アドバイスはありますか?

制作に携わるアーティストは、他の部門や担当者と、どうすれば意思疎通を図れるかに注目したらよいと思います。必要とされるものを提供できるかどうか。大事なのはそこです。ソフトを使えるかどうかではありません。

フリーランスでの仕事と、スタジオのスタッフとして働くのとでは、どんな違いがありますか?

フリーランスは、向いている人には最高です。自分のスタジオで仕事ができる自由、自分でスケジュールを決める自由。ただしそれは、自己管理を要します。自分でスケジュールを立てて、自分で決めた納期を守るわけですから。

私の経験では、家を職場にすると、常に仕事をすることになります。世の中がどうなっているのか、さっぱりわからないことも珍しくありません。ドアを開けて、子供たちがキャンディーをねだるのを見てはじめて、今日がハロウィーンだと気付く、といった具合です。スタジオにいれば、期日がくれば給料がもらえます。フリーランスだと、新しい仕事を得るたびに、新しいボスと報酬や契約条件を交渉し、新しいルールを覚えなければなりません。

フリーランスでいたときの方が長いのですが、現在は、スタジオに所属しています。他のアーティストからエネルギーをもらえますからね。それに、その日の仕事が終わったときに、家に持ち帰るものもありません。

新米のアーティストに向けて、業界の先輩からのアドバイスをお願いします。

私は常に人とつながっています。人が好きだからです。人には敬意をもって接することが大切です。たとえ同じような敬意が自分に対して払われなくても、必ず敬意をもって相手とつき合いましょう。ボスでも、ペーパークリップをくれたりデスクのライトを用意してくれるアシスタントでも、同じです。

自分のストーリーを信じましょう！

自分を信じましょう！

用語集

3Dストーリーボード：2Dのストーリーボードを使わずに、キャラクターの演技、セリフ、アクションを3DCG環境で作成したストーリーボード。

CG：Computer Generated Imageryの略。コンピューター上で作られた画像。

EFX：エフェクト(effect)の略。実写、CG、両方の効果を指す。爆発、レーザー光線、巨大な波など。

SFX：特殊効果(special effectsの略)。爆発やレーザー光線、巨大な波などを物理的に作って撮影すること。

VFX：ポストプロダクションで作成する視覚効果。デジタルの火、洪水、レーザー光線や、セットでの撮影が不可能な特殊な光など。アニメーションの場合には、CGであっても、特殊効果のレイヤーには「SFX」と書かれています。

Z軸：CGモデリングで用いられる、座標軸の1つ。鑑賞者から見て、Xは左右、Yは上下、Zは前後(奥行き)にあたる(ソフトウェアによって定義は異なる)。

エスタブリッシングショット(EST：Establishing shot)：シーンやシーケンスの冒頭で使われる、状況を鑑賞者に示すためのショット。これからアクションが起きる場所を見せたり、キャラクターが登場する場合はそのキャラクターからの見た目の画で周辺を見せることもある。

肩越しショット(OTS：Over the shoulder shot)：キャラクターが会話するシーンで、交互に、それぞれの肩越しに相手を映すときに使われる。このつなぎ方は、リバースカットとも呼ばれる。

カット：ショットをつなぐ手法の１つ。遷移なしに、次のショットに直接切り替わる。

カットアウェイショット：メインの被写体から外れて、その場のアクションとは関係のない被写体を見せるショット。

カメラシェイク：振動を表現するために、カメラを小刻みに揺らすこと。

キャラクターブロッキング：撮影時のキャラクターの立ち位置や、動きを決めること。

グラスショット：実写とガラスに描いた絵(マットペイント)を合成した映像。

クレーンショット：クレーンにカメラを積んで、被写体を追うカメラムーブ。

クロースアップ(CU)：顔だけ、手だけといった具合に、キャラクターの
ディテールの一部を拡大するようにして撮影したショット。

コンティニュイティ編集：従来から使われ続ける映画制作の手法。
アクションの論理的な順序に基づいて、さまざまなアングルの
ショットをつなぎ、複数のショットとシーケンスによって視覚的、
時間的に矛盾のない滑らかな流れを作る。コンティニュイティ編
集によって、時系列の流れと、論理的かつ空間的な関係が作られ、
鑑賞者は映像でストーリーを追うことができる。

コンポジットモデルショット：前景のCGモデルと実写を組み合わせた、
合成で作られたショット。

ジャンプカット：脈絡なく逆の向きから写したり、論理的に矛盾して
いたり、唐突さを感じる不自然なつなぎ方。

スウィッシュパン：背景がぼやけるほど素早いパン。

セットアップショット：エスタブリッシングショットに似た目的で使う
が、セットアップショットはフォーカス範囲が狭く、後続のショッ
トへの準備として見せる。たいていは高速のアクションに続くが、
前もってセットアップを観ている鑑賞者は理解できる。

ダッチアングル：カメラを傾け、あえて水平ではなく斜めにして撮影し
たショット。

超クロースアップ(ECU：Extreme Close-up)：クロースアップよりもさらにディテールを見せるショット。たとえば目だけ、口だけ、など。

超ロングショット(ELS：Extreme long shot)：ワイドエスタブリッシングショットとも。上空から見た都市景観、高いところから見下ろした広々としたダンスホール、オフィスビルの外観など、場所や状況を見せるためのショット。ロングショットはこれとは異なり、ビルのオフィス空間などで、そのシーンに登場するキャラクターを見せるショットを指す。

ディゾルブ：現在の画が消え、それに重なるように、次の画が徐々に浮かび上がるようなつなぎの効果。波紋のディゾルブなら、水が波打つようにして前のシーンが消え、次のシーンの画に変わる。

ディテールショット：特定のアイテムやアクションだけに的を絞ったクロースアップショット。

ティルト：カメラの位置は固定し、カメラを上下に振ってアクションを追うこと。

テレマクロ：小さいオブジェクトを遠距離から撮影した、クロースアップショット。ズームレンズを望遠側に設定するか、望遠レンズを使って、フレーム一杯にオブジェクトを写す。

トラッキング：レールに乗せた台に取り付けたカメラを動かして、被写体とアクションを追う。あるいは、動かない被写体に近づいたり遠ざかったりする。

トラベリングマット：別に用意した背景に、被写体をスーパーインポーズするときに使用する合成テクニック。

ドリーズーム：「めまいショット」とも呼ばれる非現実的な効果。背景は急速に遠ざかる
　　のに、被写体の位置は変わらない、あるいは背景よりずっとゆっくりの速度で遠ざ
　　かる。レンズは被写体にズームインしながら、カメラそのものはドリーで被写体から
　　遠ざける方法で撮影する（あるいは、その逆）。アルフレッド・ヒッチコックの「めまい」
　　（原題：Vertigo）の冒頭のシーケンスで使われたテクニックとして知られている。

パン：カメラの位置は固定し、カメラを左右に振ってアクションを追うこと。

ピットショット：上を通る被写体を撮影できるように、穴やくぼみにカメラを設置して
　　撮影したショット。

ピンライト：光の輝きを再現する効果。

フェードアウト(FO)：シーンがはっきり映し出されている状態から徐々に薄くなり、最後は
　　真っ黒になる。

フェードイン(FI)：黒い画面で始まり、徐々に明るくなってシーンがはっきり映し出される。

フォーカス送り：カメラの焦点を、前景の被写体から背景の被写体、または背景の
　　被写体から前景の被写体に切り替えること。被写界深度(DOF)を利用した効果。
　　ボケとも。

フローモーション／タイムスライス／バレットタイム：キャラクターが飛び上がり、空中
　　で静止。その周りをカメラが回って背景がリアルタイムで動くという、非現実的な
　　映像効果。

ボード・オー・マティック(Board-o-Matic)：アニメーション付きのストーリーボード。エフェクトまで含めることが多い。

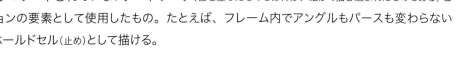

ホールドセル：アニメートされていないアートワーク(色を塗ったものもあれば、細かく描き込まれたものもある)をアニメーションの要素として使用したもの。たとえば、フレーム内でアングルもパースも変わらないクルマは、ホールドセル(止め)として描ける。

マクロショット：非常に小さいオブジェクトやディテールに寄った、クロースアップショット。近距離にピントを合わせられる専用のレンズを使用する。

マットショット：ブルーバック／グリーンバックの実写映像とマットペイントを合成したショット。

ミディアムショット(MS：Medium Shot)：被写体の半分、人間なら腰から上が映るようにフレーミングしたショット。

ロングショット(LS：Long Shot)：被写体が完全にフレームに収まったショット。被写体が人間の場合は、全身がフレームに収まるようにフレーミングしたショット。

ワームアイ：地面の高さから仰ぎ見たショット。

ワイプ：先行のショットを押しやり、後続のショットを引き入れるタイプのシーントランジション。さまざまなグラフィックパターンがあり、たとえば次のシーンをスライドさせたり、次のシーンが下から上がってきたり、フリップしたり、ロゴを見せることもある。最近はほとんど使われないが、1930〜1940年代の映画でよく見られた。

索 引

謝　辞

『Cinematics Storyboard Workshop』の初版を読み、アドバイスをくれた皆さん、サンノゼ州立大学 (SJSU)の仲間たちに、感謝の意を表します。特に、プロのストーリーボードアーティストとしての経験を語ってくれたジム・ミッチェル、今回の新版の編集を担当してくれたティーナ・アペレス、素晴らしいデザインを練り直してくれたマイケル・クノートに、心からお礼を申し上げたい。最後に、SJSUの生徒たちの創造力と、ストーリーボード制作に対する熱意に感謝します。

伝える映像の設計図
ストーリーボードの教科書

2020 年 6 月 25 日　　初版第 1 刷発行
2021 年10 月 25 日　　初版第 2 刷発行

著　　者　グレッグ・ダヴィッドソン
発 行 人　村上 徹
翻　　訳　株式会社 Bスプラウト
編　　集　平谷 早苗
発　　行　株式会社 ボーンデジタル
　　　　　〒102 - 0074
　　　　　東京都千代田区九段南 1-5-5　九段サウスサイドスクエア
　　　　　Tel：03-5215-8671　　Fax：03-5215-8667
　　　　　www.borndigital.co.jp/book/
　　　　　E-mail：info@borndigital.co.jp

レイアウト　中江 亜紀(株式会社 Bスプラウト)
印刷・製本　株式会社 東京印書館
日本語版コーディネート　Michiko Suzuki Durinski

ISBN：978-4-86246-478-1
Printed in Japan